本书由
中央高校建设世界一流大学（学科）
和特色发展引导专项资金
资助

中南财经政法大学"双一流"建设文库

区|域|发|展|系|列|

城镇化进程中相关因素与城市化率的关系研究

余 昇 著

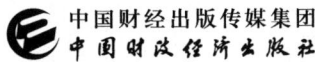

中国财经出版传媒集团
中国财政经济出版社

图书在版编目（CIP）数据

城镇化进程中相关因素与城市化率的关系研究／余昇著．——北京：中国财政经济出版社，2019.12

（中南财经政法大学"双一流"建设文库．区域发展系列）

ISBN 978-7-5095-9339-4

Ⅰ.①城… Ⅱ.①余… Ⅲ.①城市化-研究-中国 Ⅳ.①F299.21

中国版本图书馆CIP数据核字（2019）第239110号

责任编辑：马　真　　　　　　责任校对：张　凡
封面设计：陈宇琰

城镇化进程中相关因素与城市化率的关系研究

CHENGZHENHUA JINCHENGZHONG XIANGGUAN YINSU
YU CHENGSHIHUALYU DE GUANXI YANJIU

中国财政经济出版社 出版

URL：http://www.cfeph.cn

E-mail：cfeph@cfemg.cn

（版权所有　翻印必究）

社址：北京市海淀区阜成路甲28号　邮政编码：100142

营销中心电话：010-88191537

北京财经印刷厂印装　各地新华书店经销

787×1092毫米　16开　10.5印张　161 000字

2019年12月第1版　2019年12月北京第1次印刷

定价：48.00元

ISBN 978-7-5095-9339-4

（图书出现印装问题，本社负责调换）

本社质量投诉电话：010-88190744

打击盗版举报热线：010-88191661　QQ：2242791300

总 序

"中南财经政法大学'双一流'建设文库"是中南财经政法大学组织出版的系列学术丛书,是学校"双一流"建设的特色项目和重要学术成果的展现。

中南财经政法大学源起于1948年以邓小平为第一书记的中共中央中原局在挺进中原、解放全中国的革命烽烟中创建的中原大学。1953年,以中原大学财经学院、政法学院为基础,荟萃中南地区多所高等院校的财经、政法系科与学术精英,成立中南财经学院和中南政法学院。之后学校历经湖北大学、湖北财经专科学校、湖北财经学院、复建中南政法学院、中南财经大学的发展时期。2000年5月26日,同根同源的中南财经大学与中南政法学院合并组建"中南财经政法大学",成为一所财经、政法"强强联合"的人文社科类高校。2005年,学校入选国家"211工程"重点建设高校;2011年,学校入选国家"985工程优势学科创新平台"项目重点建设高校;2017年,学校入选世界一流大学和一流学科(简称"双一流")建设高校。70年来,中南财经政法大学与新中国同呼吸、共命运,奋勇投身于中华民族从自强独立走向民主富强的复兴征程,参与缔造了新中国高等财经、政法教育从创立到繁荣的学科历史。

"板凳要坐十年冷,文章不写一句空",作为一所传承红色基因的人文社科大学,中南财经政法大学将范文澜和潘梓年等前贤们坚守的马克思主义革命学风和严谨务实的学术品格内化为学术文化基因。学校继承优良学术传统,深入推进师德师风建设,改革完善人才引育机制,营造风清气正的学术氛围,为人才辈出提供良好的学术环境。入选"双一流"建设高校,是党和国家对学校70年办学历史、办学成就和办学特色的充分认可。"中南大"人不忘初心,牢记使命,以立德树人为根本,以"中国特色、世界一流"为核心,坚持内涵发展,"双一流"建设取得显著进步:学科体系不断健全,人才体系初步成型,师资队伍不断壮大,研究水平和创新能力不断提高,现代大学治理体系不断完善,国际交流合作优化升级，综合实力和核心竞争力显著提升，为在2048年建校百年时，实现主干学科跻身世界一流学科行列的发展愿景打下了坚实根基。

"当代中国正经历着我国历史上最为广泛而深刻的社会变革，也正在进行着人类历史上最为宏大而独特的实践创新"，"这是一个需要理论而且一定能够产生理论的时代，这是一个需要思想而且一定能够产生思想的时代"[1]。坚持和发展中国特色社会主义，统筹推进"五位一体"总体布局和协调推进"四个全面"战略布局，实现"两个一百年"奋斗目标、实现中华民族伟大复兴的中国梦，需要构建中国特色哲学社会科学体系。市场经济就是法治经济，法学和经济学是哲学社会科学的重要支撑学科，是新时代构建中国特色哲学社会科学体系的着力点、着重点。法学与经济学交叉融合成为哲学社会科学创新发展的重要动力，也为塑造中国学术自主性提供了重大机遇。学校坚持财经政法融通的办学定位和学科学术发展战略，"双一流"建设以来，以"法与经济学科群"为引领，以构建中国特色法学和经济学学科、学术、话语体系为己任，立足新时代中国特色社会主义伟大实践，发掘中国传统经济思想、法律文化智慧，提炼中国经济发展与法治实践经验，推动马克思主义法学和经济学中国化、现代化、国际化，产出了一批高质量的研究成果，"中南财经政法大学'双一流'建设文库"即为其中部分学术成果的展现。

文库首批遴选、出版二百余册专著，以区域发展、长江经济带、"一带一路"、创新治理、中国经济发展、贸易冲突、全球治理、数字经济、文化传承、生态文明等十个主题系列呈现，通过问题导向、概念共享，探寻中华文明生生不息的内在复杂性与合理性，阐释新时代中国经济、法治成就与自信，展望人类命运共同体构建过程中所呈现的新生态体系，为解决全球经济、法治问题提供创新性思路和方案，进一步促进财经政法融合发展、范式更新。本文库的著者有德高望重的学科开拓者、奠基人，有风华正茂的学术带头人和领军人物，亦有崭露头角的青年一代，老中青学者秉持家国情怀、述学立论、建言献策，彰显"中南大"经世济民的学术底蕴和薪火相传的人才体系。放眼未来、走向世界，我们以习近平新时代中国特色社会主义思想为指导，砥砺前行，凝心聚

---

[1] 习近平：《在哲学社会科学工作座谈会上的讲话》，2016年5月17日。

力推进"双一流"加快建设、特色建设、高质量建设，开创"中南学派"，以中国理论、中国实践引领法学和经济学研究的国际前沿，为世界经济发展、法治建设做出卓越贡献。为此，我们将积极回应社会发展出现的新问题、新趋势，不断推出新的主题系列，以增强文库的开放性和丰富性。

"中南财经政法大学'双一流'建设文库"的出版工作是一个系统工程，它的推进得到相关学院和出版单位的鼎力支持，学者们精益求精、数易其稿，付出极大辛劳。在此，我们向所有作者以及参与编纂工作的同志们致以诚挚的谢意！

因时间所囿，不妥之处还恳请广大读者和同行包涵、指正！

中南财经政法大学校长

自　序

在城镇化进程中，会有很多与之相关的社会因素和经济因素发生了相应的变化。有时这些相关因素并不能很明确地证实是城镇化进程的影响因素，因此，本书主要运用灰色绝对关联度和传统灰色关联度方法、系统耦合协调度方法以及双边匹配方法，来考察城镇化进程与这些因素之间的关系。由于城镇化进程中最具代表性的指标是城市化率，因此，本书着重提取了城镇化进程中几个相关因素，来分别分析城市化率与它们之间的关系。

以省际数据考察城市化率与能源消耗的关系时，用碳排放量来刻画城镇化进程中的能源消耗因素，并借用研究碳排放影响因素的经典分析框架 IPAT 和 STIRPAT 对影响因素分类，在查阅大量文献的基础上，构造了一个较为全面的潜在碳排放影响因素的指标体系表，并将这些影响因素从人口、财富、技术角度（PAT）分为三大类。一共选取 24 个碳排放潜在影响因素，对全国各省区市（除海南）分析绝对灰色关联性，发现除教育类的相关因素外只有城市化率这一因素在各省区市都显示出与碳排放这一能源消耗因素的强绝对灰色关联性。

以湖北和湖南两省为例考察城市化率与农业现代化的关系时，计算这两个因素的传统灰色关联度，发现关联程度排序上基本一致，稍有出入的粮食产量供给与劳动力供给两个因素也都同时维持在极高的水平，甚至差异可以忽略不计。

以湖北省为例考察城市化率与居民消费的关系时，发现城镇化与农村居民消费支出存在显著的正相关关系。并且城市化率与农村居民的衣着消费、交通通信、其他商品与服务、医疗保健消费的灰色关联度最高，这说明城镇化使得农村居民消费结构得到一定程度的改善。而且城市化率与文化教育娱乐灰色关联度最低，这说明城镇化未能带动农村文化教育娱乐商品及服务的发展。结合农村居民消费水平，以国家级的数据为例考察城市化率与老龄化的关系时，发现农村地区老龄化形势比城镇地区严峻，同时城镇化对农村老年消费的刺激作用具有局限性。

以武汉市为例考察城市化率与城市圈新型城镇化发展的关系时，讨论了新型城镇化及其五大子系统。选取2010—2017年武汉城市圈数据，横向分析时序发展规律，纵向寻查各细分指标发展差异性，从整体层面总结发展趋势，从子系统层面挖掘发展动力、量化影响效果、规划发展路径，从具体指标层面分析重点影响因素，提供具体的发展思路，为武汉城市圈今后的城镇化发展提供细化的改善方向。

以浏阳市为例考察城市化进程中产生的土地流转问题，将土地经营出让方和受让方看作两个子系统，分别建立各自的评价指标体系，通过调研分别得到各方对另一方的多重匹配偏好序。再结合极大熵原理，通过指标权重优化模型得到评价指标体系中各指标的相对权重。然后建立以最大化土地经营权出让方和受让方满意度的多目标优化模型，并以浏阳市此次调研结果来计算双方的最佳匹配。

在本书的编写过程中，得到了许多老师的指导和帮助，在此表示感谢！在这里，非常感谢丁士军教授多次鼓舞和指引，陈玉萍教授的温情问顾，还有刘仁军教授、姚升保教授的支持和帮助。感谢同事们，是你们给了我很多宝贵的建议。同时，还要感谢帮助过我的研究生们和本科生们，王彩五、周佳辉、朱名轩、姚江东、何兰、苏威豪、叶林、钱思霖等，本书里也有你们的辛勤和汗水。

在本书的编写过程中参考了大量的相关文献，并尽可能地列在了书后，但难免有遗漏，在此特向遗漏的作者表示歉意，并向所有的作者表示最诚挚的感谢！

余 昇

2019 年 7 月

目　录

第1章　绪论　　1
 1.1　研究背景　　1
 1.2　我国城镇化进程中的相关因素　　2
 1.3　框架结构　　12

第2章　城镇化进程中的能源消耗因素　　14
 2.1　引言　　14
 2.2　能源消耗碳排放影响因素　　18
 2.3　碳排放 PAT 因素的绝对灰色关联模型　　20
 2.4　重庆市碳排放多影响因素灰色关联度分析　　23
 2.5　全国碳排放多影响因素灰色关联度分析　　27

第3章　城镇化进程中的农业现代化因素　　39
 3.1　引言　　39
 3.2　湖北湖南两省城镇化与农业现代化　　40
 3.3　两省农业现代化与城镇化关系的灰色关联分析　　45

第4章　城镇化进程中的居民消费和老龄化因素　　51
 4.1　引言　　51
 4.2　湖北省城镇化与农村居民消费因素关系分析　　55
 4.3　城镇化进程中的老龄化因素　　70
 4.4　城镇化进程中"农转非"居民幸福感　　80

第 5 章　城镇化发展多因素协调度分析　　**90**

　　5.1　引言　　90
　　5.2　城市圈新型城镇化评价体系构建及测度分析　　93
　　5.3　新型城镇化发展协调度分析　　102
　　5.4　新型城镇化发展障碍因子分析　　110

第 6 章　城镇化土地流转双边匹配问题　　**113**

　　6.1　引言　　113
　　6.2　多重偏好序下的多阶段多对一双边匹配模型　　117
　　6.3　多对一双边匹配实例分析　　123

第 7 章　结论　　**141**

参考文献　　145

第 1 章 绪 论

1.1 研究背景

根据 2018 年 9 月 10 日国家统计局发布的报告显示,我国城镇常住人口总数在 2017 年末已经超过 8 亿人,比 1978 年末显著增加 6.4 亿人口,年均增长达 1644 万人;常住人口城市化率达到 58.52%,相当于比 1978 年末提高了 40.6 个百分点,年均增长 1.04 个百分点。与此同时,我国城市数量也呈显著上升趋势。2017 年末,全国城市数量高达 661 个,比 1978 年末增加 468 个,增长 2.4 倍。城市人口快速增多,人口集聚效应更加明显。按户籍人口规模划分,2017 年末,500 万人口以上的城市达到 16 个,而 1978 年末只有上海市一个。此外,城市公共服务水平和基础设施建设得到明显改善。以轨道交通为例,在 1978 年末,我国仅北京有轨道交通,线路总长度 23.6 公里。到 2017 年末,有 32 个城市开通了轨道交通,车站 3040 个,运营线路达 149 条,运营路线总长度共计 4484 公里。2016 年末,地级以上城市实有公共汽(电)车营运车辆 47.7 万辆,出租车 95.4 万辆,而 1978 年末全部城市公共汽(电)车拥有量只有 1.7 万辆。

报告还显示,城市人民生活水平跃上新台阶。2017 年末,全国城镇就业人员 42462 万人,比 1978 年末增加 32948 万人,增长 3.5 倍。2017 年,城镇居民人均可支配收入 36396 元,比 1978 年实际增长 14.4 倍。改革开放以来,我国城镇化水平显著提高,城市人口快速增多,城市综合实力持续增强,城市面貌焕然一新(新华网,2019)。

诺贝尔经济学奖得主斯蒂格利茨曾经说过:"美国的高科技发展和中国的城市化将成为影响 21 世纪人类社会发展进程的两个关键因素。"城市化是指城市人口和城市规模扩张的过程,以及相应的一系列经济和社会变迁。城市化的本质可以说是一个地区或一个国家在经济结构、社会结构和空间结构方面的转型发展。在经济结构方面，城市化涉及农业活动向非农业活动过渡和产业结构升级的过程；在社会结构方面，城市化涉及从农村到城市的迁移过程和城市地区的文化、生活方式和价值传播到农村；在空间结构方面，城市化涉及各种生产要素和工业活动聚集到城市地区的过程以及随后的再分配。城市化是社会发展现代化和经济增长的重要引擎，被认为是人类稳步发展的必然趋势。

"中国梦"是一部"都市梦"。中国的城市化进程沿袭了一条独特的历程，国家的城市化和城市发展取得了显著的成就，在"十三五"的开局之年2016年，习总书记对深入推进新型城镇化建设作出重要指示强调，建设新型城镇化务必要站在新起点、以谋求新进展；要坚持创新与协调、绿色与共享并存的指导理念，打造以人为核心，为人民服务的城镇化，同时注重公平化城乡基本公共服务，注重传承历史文化，不破坏生态环境的宜居性，最为关键的是关注人民群众的幸福感与获得感。总结而言，建设城镇化应为人民谋利益，在全国范围内统一筹划，同时又切忌生搬硬套，应鼓励各地大胆突显特色，积极创新，在遵循科学规律的前提下，加强顶层城镇化设计，推进制定配套改革体制，在政府调控的同时，正确引导社会资本投入，真正可持续健康发展中国特色社会主义新型化城镇。

在准确地理解、清楚界定与城镇化相关的战略意义、目标和关键任务后，也产生了新的研究问题：城市化率是衡量城镇化进程的关键指标，而城镇化进程中同时也要更加注重能源消耗、农业现代化、农村居民消费、农村人口老龄化等相关因素之间的关系。

1.2 我国城镇化进程中的相关因素

自1978年改革开放以来，中国在社会经济持续快速发展和大规模城市人口增长方面取得了辉煌成就。2011年，中国城市化水平首次超过50%，居住在城市地区的常住人口数量超过了农村居民。这表明数千年来以农业为主导的国家已经结束，一个新的城市化国家已经形成。与同期全球城市化进程相比，中国取得了比其他国家更为显著的成就。根据联合国人口司经济和社会事务部 2014 年修订的"世界城市化前景"的数据,全球城市化水平从 1980 年的 39.4% 上升到 2010 年的 51.6%,年均增长率仅为 0.41%,同期中国的城市化水平从 19.4% 上升到 49.2%,年均增长 0.99 个百分点。在这段时期,发达国家城市化水平从 70.1% 上升到 77.5%,年均增长率仅为 0.25 个百分点,而欠发达国家的城市化水平从 29.5% 上升到 46.0%,年均增长率处于较低水平,仅 0.55 个百分点。2014 年,中国的城市化水平已达到历史上的世界平均水平。世界城市化水平从 30% 到 50% 的平均时间超过 50 年,美国近 40 年,日本超过 20 年,而中国仅 15 年。

随着人口、生产要素和产业的快速增长和大规模集聚,中国城市地区的功能得到进一步加强。城市地区正在控制国民经济,其经济规模和综合实力显著增强。北京市、上海市、广州市、深圳市、天津市、重庆市、武汉市以及西安市等众多城市已将自己定位为区域和国家中心,即使是作为国际大都市,也主导着中国的综合竞争力和发展。此外,中小城市在促进周边农村地区经济和社会发展方面也发挥着积极作用,具有不可替代的地位。

2015 年的人口和经济数据显示,295 个城市的总建筑面积为 733490 平方千米,仅占全国领土面积的 7.6%,而该地区的总人口达到了 44638 万人,占中国总人口的 32.5%;国内生产总值(GDP)达 42.8 万亿元,占中国 GDP 的 62.5%,特别是第二、三产业增加值分别占中国总量的 66.9% 和 73.8%;社会消费品零售额 19.04 万亿元,占中国总消费量的 63.3%。与 2000 年相比,对于地级以上城市,2015 年建成区占国土面积的比例增加了 3.0 个百分点,而 GDP、社会消费品零售额、总投资的比例也增加了 3.0 个百分点。固定资产和地方财政收入占全国总量的比例分别增加了 15.3%、12.8%、6.1% 和 6.2%。

1.2.1 城镇化进程中的能源消耗因素

在此期间,由于城市化进程的复杂性,城镇化需要消耗的能源类型延伸到所有能源类别,城镇化与能源需求之间存在强烈的正相关关系。在过去的 40 年里,城市经济学和能源经济学一直是主流现代经济学中独立的学科,研究与城镇化和能源问题相关的问题。

随着 GDP 增速的降低中国的经济活动已经放缓,但每年仍以 7% 左右的速率持续增长，但是近年来中国的能源需求和供应总量并没有增长。实际上，总的能源需求和供应在1996年达到顶峰，并且此后开始下降或持平，其中的关键原因是政府和相关能源行业正在努力提高工业能源使用效率，并削减煤炭的使用（煤炭是效率最低的商业能源，然而却是引发碳排放污染的主要能源消耗来源）。此外，城镇化进程中的商业需求和居民发生的能源需求相当大，占能源总需求的40%以上，仅次于工业需求（Liu和Gordon，2018）。能源成为历次经济社会改革的先行领域，每次改革都推动了我国社会快速进步（王轶辰，2018）。

2019年2月25日，国际能源署在北京发布《全球煤炭市场报告（2018—2023）》，探讨未来煤炭消费：中国是全球煤炭市场的主要参与者，但中国经济正处于结构转型期，煤炭需求将逐渐下降。中国煤炭消费量将呈现平均每年不到1%的结构性下降，将由2016年的38.7亿吨减少到2023年的37.7亿吨，年均下降0.5%。但随着城镇化进一步的必然发展，能源消费总量适度增长是必然的结果。据统计，我国煤炭需求量曾在2013年达到峰值42.4亿吨。2014—2016年，煤炭消费量连续三年下降。2017—2018年，我国煤炭消费量又开始恢复增长，2017年同比增长0.7%，2018年增长2.5%。其中，电力行业煤炭需求增长是我国煤炭消费量恢复增长的最主要因素，2017年、2018年，电力行业耗煤同比分别增长4.9%和6.4%。值得欣慰的是，从目前的一次能源消费结构可以看出，煤炭的消费占比是逐年稳步下降的。2018年，我国煤炭的一次能源消费结构占比约为59%，较2017年下降1.4个百分点，这是自2011年煤炭占比高达70.2%之后出现的不断下降。然而，在煤炭消费占比下降的背后带来的是成本的上升，因为煤炭资源显著的特点就是其取得的可靠性、成本的低廉性、使用的可清洁性，这意味着在未来很长的一段时间内，煤炭资源仍然会作为我国主要的消费能源，其地位难以被风能、太阳能等清洁能源所取代。按照哥本哈根气候大会中国政府的承诺以及"十三五"的能源规划，截至2020年，我国非化石能源消费比重应该达到15%，而煤炭消费比重应该降至58%，消费量在41亿吨左右；到2030年为止，我国非化石能源消费比重应该进一步提升，达到20%，而煤炭消费比重应降至50%左右，消费量不得超过42亿吨（黄晓芳，2019）。

1.2.2　城镇化进程中的碳排放因素

自工业革命以来，全世界的社会经济活动的高速发展促使化石能源消费大幅增加，引起全球二氧化碳排放量出现异常迅猛的上升趋势。国际能源署（IEA）近期公布的相关数据表明，2016 年全球与能源有关的二氧化碳排放量达到 321 亿吨，与《京都议定书》规定的碳排放量计算基准年即 1990 年相比增长了 43.3%，根据《京都议定书》，发展中国家的豁免期于 2012 年结束。《京都议定书》后续的谈判应高度重视发展中国家的实质性义务。全球气候变化问题是人类发展至今面临的最重大的环境问题，碳排放问题也是 21 世纪人类需要面临的最复杂最严峻的挑战之一。碳排放已经成为全社会关注的焦点。减少温室气体排放，减缓全球气候变暖进程是全世界公民的共同目标和急需承担起来的责任和义务。在我国成为仅次于美国的世界第二大经济体，经济实力迅速发展的同时，由于国内粗放式的经济增长方式导致碳排放量不断上升，我国生态自然环境也持续遭受破坏。据奥斯陆国际气候与环境研究中心（CICERO）推算，截至 2016 年，我国累计碳排放量达到 1464 亿吨，将超过美国的 1462 亿吨，成为全球碳排放量第一的国家。作为最大的二氧化碳排放国，中国不可避免地会受到国际气候博弈带来的节能减排的压力，以及越来越多国际贸易战中"低碳门槛"的外交和舆论压力。21 世纪，低碳经济已成为世界经济发展的主流。碳排放带来的气候问题环境问题制约了经济的高效绿色发展，并且成为中国乃至世界各国综合实力提高的瓶颈。一方面，产业转型和升级的动力不足，依靠大量资源投入的粗放型经济发展方式难以改变；另一方面，能源利用与回收方式也不够精细，大量废水废气废料对环境造成了不同程度的破坏。

近几十年来，中国经济的快速增长在很大程度上依赖于大量的资源和能源消耗，与此同时伴随着碳排放的急剧增加。国际能源署 2011 年的统计结果显示，我国在 2010 年成为世界第一大能源消费国，2010 年我国的能源消费量占全球的 20.3%，超过了美国，而 2015 年整个欧洲能源消费占比为 21.6%，我国却达到了 22.9%。2017 年 11 月 13 日，"全球碳项目"（GCP）发布了《全球碳预算报告》，在波恩举行的联合国气候变化会议上，同期发布的《世界能源展望 2017 中国特别报告》均显示，中国能源消费结构主体已经由煤炭消费逐步转换为清洁、可再生能源消费。与此同时值得欣慰的是，中国能源需求增长的平均速度相比上年有所降低。以上这些变化无不说明，中国能源消耗与经济结构的转变、能源效率政策以及人口变化综合效应的体现息息相关。我国逐年增长的能源需求也正更多地依赖清洁、非化石能源，煤炭消费需求呈现回落趋势。合理预测截至 2040 年，在总发电量中，煤炭消耗发电所占比重将由 2016 年的 60% 以上下降到 40% 以下，电能消耗将占据终端能源消费市场的主导地位。这意味着中国将进入绿色能源时代，带动全球碳排放负增长。《世界能源展望 2017 中国特别报告》指出，2017 年，全球化石燃料和工业二氧化碳排放量预计将增长 2%，这是自 2014 年以来全球碳排放三年来首次出现增长。2017 年，中国的碳排放预计将增长 3.5% 左右，总量将超过美国和欧盟 28 个国家的总和。此外，二氧化碳人均和单位 GDP 的排放量也将显著高于世界平均水平。在国际社会要求减少二氧化碳排放的压力下，中国政府宣布 2020 年的碳强度将比 2005 年降低 40%—45%。《国民经济和社会发展"十二五"规划纲要（2011—2015 年）》明确提出，"十二五"期间，单位国内生产总值能耗必须降低 16%，二氧化碳排放必须降低 17%。2014 年，中国承诺 2030 年左右二氧化碳排放达到峰值，2030 年碳强度比 2005 年降低 60%—65%。这对中国来说将是一个巨大的挑战，尤其是在未来五年。减少二氧化碳排放不仅是总体减排的目标，而且有利于解决我国目前的环境问题。从 2010 年到 2015 年，中国的环境保护政策得到前所未有的重视，环境治理总投资占国内生产总值的比重不断提高，单位国内生产总值能耗在下降。

为应对日益严重的温室气体排放问题，中国政府制定了一系列减排计划。为合理分配各省市的减排任务，必须深刻认识区域碳排放的变化特征及其影响因素。因此，探讨中国碳排放的趋势具有重要意义。我国始终坚持绿色发展，发展经济的同时改善生态环境是我国国家建设推进过程中的重大战略发展目标。坚持国家利益为先，中国坚决履行温室气体减排的义务和责任。由此而来，我国如何在保证经济可持续增长的同时，走出一条绿色低碳发展之路已引起国内外学术界的广泛探讨，而全面考虑碳排放影响因素，便是研究的热点之一。在经济发展新常态下，研究碳排放效应对国内低碳发展的影响具有十分重要的现实意义。

据《中国低碳发展报告（2017）》所述，2015 年中国能源相关的碳排放下降 0.6%，2016 年在经济仍保持中高速增长的情况下，中国的碳排放持续下降。随着中国可再生资源开发进程加快，可以优化产业结构采用低碳经济发展模式，利用最经济、环保的低污染发展模式获得不错的经济效益和社会效益，来保证环境与社会的健康发展。与此同时，十九大报告指出加快生态文明改革，创建美丽中国是新时代下的重要使命，构建清洁低碳、安全高效的能源体系，建立健全低碳循环发展的经济体系是建设美丽中国的首要目标。因此在"十三五"

时期，用低碳政策引领、协调现有政策体系显得尤为重要。那么，我国如何在保证经济可持续增长的同时，走出一条绿色低碳发展之路已引起国内外学术界的广泛探讨，而全面考虑碳排放影响因素是研究的热点之一。

自从1978年经济改革以来，中国进入了快速城镇化和深刻转型的阶段。预计2020年城市化率将达到60%左右，2050年城市化率将达到77.3%。随着农村人口向城镇迁移，他们生活条件的改善可能会导致对能源服务的需求增加。工业化和城市化推动的可制造性和生活水平的提高通常会导致总能耗（TEC）和相关碳排放（TCEM）的飙升。有证据表明，在城镇化进程中，农村居民向城市居民的转变将导致能源消费增加1085.26公斤煤当量。当前，中国是一个主要的新兴工业国家，城市化仍在如火如荼进行中，同时中国也正面临深刻的经济社会转型，正处于城镇化快速发展、人口老龄化、经济增速放缓、能源转型的十字路口。城镇化发展面临着一系列的严峻的挑战。

1.2.3 城镇化进程中的农业现代化因素

美国是全球农业大国，不到300万的从事农牧业的人口，养活了3.25亿美国人，2017年还出口1381亿美元农牧产品。高效以及充满活力的美国农业与农业现代化息息相关，这是美国经济的缩影。根据2005年美国农业部发布的研究报告《20世纪美国农业转型和农场政策》（The 20th Century Transformation of U. S. Agriculture and Farm Policy）所述，20世纪美国农业为实现农业现代化所采取的措施有：提高机械生产、降低农业劳动所需人口、单个农场牧场规模逐渐增大、农场牧场专业化集约化经营，这样生产效率不断提高，农牧产品出口数量在20世纪下半期大幅度增加。同时，随着消费者对农牧产品影响的增加，农业生产也以满足消费者需求为导向，这促成了农牧业生产者、加工者、零售商之间的新整合，产品供应数量和质量得到控制，高价值产品的发展进一步改变了农产品市场的结构，增加了专业化和规模生产程度，使得农牧业快速向现代化生产转变。

可想而知，摒弃农业现代化去谈国家现代化将是不全面、不完整而又荒谬的。在新常态发展背景下，现代社会经济均衡发展对农业建设提出越来越高、越来越艰巨的要求，以农业供给侧结构性改革任务来说，其实现难度是十分巨大的。于2017年颁布的中央一号文件相当明确地提出，推进农业供给侧结构性改革应当作为发展农业的主线，围绕农民增收、小农聚集、农业效益增长、农村绿化增加，科学发展、运筹帷幄，加强科学生产的投入，加快结构调整的步伐，加大农村改革的力度，以实现农业综合实力和效益的大幅度提升。同时，建设农业现代化需要从理念上接受创新、协调、绿色、开放、共享的指导思想，认识农业现代化事业发展对建设文明和谐现代化国家的重要性，发挥农业新动能，开创农业现代化建设新局面。

此外，深化改革农村集体产权制度，寻找有效组织并实现农村集体所有制经济的方式，例如落实农村土地集体所有权、农户承包权、土地经营权"三权分置"办法不失为推进国家重点关注的农村土地制度改革的有效组织形式和实现方式。与此同时，合理征收农村土地，试行宅基地制度改革、集体经营性用地规范入市，由市场调配，也是政府为深化改革农村土地制度积极制定的政策。我国已经进入都市圈时代。在这个时代，政府、企业、家庭和个人，城镇、乡村、区域发展，都要树立都市圈思维，走都市圈之路。正是基于这样的认识，发展农业现代化从而振兴乡村经济、文化，要以都市圈为主要依托，要都市圈化。

中小城市是城市体系的重要组成部分，更是超大城市、特大城市、大城市联通偏远、微小城镇和乡村的桥梁纽带。随着交通和信息化发展，城市乡村体系虽然越来越网络化，但城市等级化发展仍然合乎经济规律（杨开忠，2019）。中小城市作为沟通城市体系与乡村体系的桥梁，其地位和作用仍将持续发展。在都市圈城市化面前，中小城市不仅要尽可能融入都市圈，还要与周边地区一起形成引领自身的中小都市圈，这也是发达国家的经验。

1.2.4 城镇化进程中的居民消费因素

随着城市化的快速发展，城市居民取得了较高的工资和较好的生活条件，取得了经济成就。从1978年到2015年，城镇居民人均可支配收入从343元增加到31790元，年均增长13.0%，而城市家庭的恩格尔系数从57.5%下降到30.6%。每百个城市家庭的汽车拥有量从1997年的0.2个单位增加到2015年的30.0个单位；手机拥有量从1.7部增加到224部；计算机所有权从2000年的2.6套增加到2015年的78.5套；人均城市住房面积从1978年的6.7平方米增加到2015年的34.6平方米。随着城市科技、教育、医疗、文化、体育等各项社会事业的蓬勃发展,随着社会保障体系的完善和城市居民生活质量的提高,城市公共服务能力和水平得到显著提高。例如,从城市居民的饮食构成来看,人均粮食消费量从1990年的130.7公斤下降到2015年的112.6公斤,家禽消费量从3.4公斤增加到9.4公斤,新鲜牛奶从4.6公斤增加到17.1公斤。新鲜水果从41.1千克增加到55.1千克。家电的持有量也可以很好地反映城镇化进程中的居民消费因素。选择1985年到1999年城市和农村家庭持有的代表性家电——冰箱、洗衣机和彩电进行比较,可以明显感受到在城市地区家电的家庭持有量首先开始出现,并迅速增长至饱和。在农村地区,这些家电的家庭持有量较晚出现,而且增长较慢。2008年12月国家宣布财政政策救市方案,推动"家电下乡",凡非城镇户口居民购买彩色电视、冰箱、移动电话与洗衣机这四类产品,均按产品售价的一定比例给予补贴,全国各地各级市场消费者开始享受与大城市相同的家电产品和服务,中国家电迈入全面普及型消费阶段。

改革开放40年,城乡居民收入的增长是有目共睹的,同时也大力带动了城乡居民消费。但是,城乡居民的收入增长与经济增长不同步。长期以来,中国超高速的经济增长推动了政府收入和GDP的快速增长,而没有实现居民收入和消费能力的同步增长。2001年至2010年,中国财政收入年均增长20.0%,国内生产总值年均增长10.5%,依靠固定资产投资平均增长23.0%。但是,城镇居民人均可支配收入年均增长9.7%,居民消费增长8.0%,农民人均纯收入增长7.0%。在此期间,固定资产投资和财政收入增长率几乎是GDP增长率的2倍。同时,GDP增长率分别比城镇居民收入和居民消费水平高0.8个百分点和2.5个百分点。另外,社会阶层的分化日益严重。2010年,我国固定资产投资总额的86.8%投资于城市地区,而城市人口包括农民工却不到总人口的一半。毫无疑问,不平衡投资导致农村居民收入增长率比2001年至2010年城市居民收入增长率低2.7个百分点。中国大多数农村居民并未同时分享经济高速增长的成果。投资、出口、消费三者并称拉动经济增长的三架马车,由于我国长期存在城乡二元结构,城镇居民消费市场已趋向饱和,农村居民消费市场仍具有较大的增长空间,因此拉动农村居民消费对经济增长具有一定的推动作用。而城镇化是扩大内需的最大潜力,能够推动人口向城镇地区转移,改善产业结构,拉动消费内需,推动我国经济健康发展。

1.2.5　城镇化进程中的老龄化因素

2018年1月,中国老龄人口年增长首次超过1000万人。据中国国家统计局1月18日发布的数据:截至2017年底,中国60岁以上老龄人口数量达2.41亿人,占总人口比例为17.3%;65岁及以上老龄人口数量为1.58亿人,占总人口比例的11.4%。与2016年底相比,60岁以上老龄人口增加1004万人,65岁及以上老龄人口增加828万人。同时,2017年中国出生人口1723万人,人口出生率为12.43‰,与2016年的1786万人和12.95‰相比,双双有所下降。并且,新生人口中二孩比例超过一孩比例。种种数据说明,中国老龄化的程度在加深、速度在加快。我国的人口老龄化是信息化、城镇化进程中的老龄化,伴随着经济崛起和文化复兴同时到来。从中国老龄化进程看,随着国家、社会对老龄化的重视和行动,我国的发展模式已从适应年轻社会转向适应老龄社会的发展模式。

在影响农村消费的众多因素中,人口老龄化问题在农村尤为突出,对农村居民消费具有越来越突出的影响。随着我国人口自然增长率不断下降,甚至低于能够维持人口自然更新水平之下,劳动力不断老化,势必在今后经济中会有突出的负面影响。随着中国经济的发展,城镇化势必能够成为推动持续发展的一大动力,城镇化的深入发展势必带来农村人口的减少,从而对农村消费水平产生一定的影响,人口老龄化是当前世界各国都要面临的重大社会问题,中国正经历着快速的人口老龄化过程。但是,目前研究较多的是城镇地区老龄化问题,而对农村地区老龄化下的居民消费、与城镇化之间的关系研究仍然相对薄弱,没有对农村地区给予足够的关注度。因此,正确认识、重视广大农村地区,对于振兴乡村、刺激农村消费具有重要的理论和现实意义。在我国老龄化趋势不可逆转、人口老龄化不断加速、城镇化进程不断深入的情况下,研究两者对农村消费产生的影响具有重要的意义。

1.2.6　城镇化进程中的城市圈新型城镇化发展因素

新型城镇化的实现与"人"这一本源概念密不可分,以人为本的原则在各项城镇化政策中都得以体现,对于武汉城市圈新型城镇化发展的建议也将主要围绕各子系统如何以人民生活为出发点进一步取长补短，在保持2010—2017年的稳定发展的基础上针对短板项有目的性和区分度地实现新的飞跃提出谏言。在新型城镇化的背景下，更多的人口涌向城镇，农村教育、土地规划、资源保护问题也随之愈加明显。在新时期的发展进程中，新型城镇化工作与乡村振兴计划，在总体发展与城乡二元化趋势中找寻平衡点，促进新时期繁荣。

人口城镇化是新型城镇化的根本，也是近年来发展最不稳定的子系统。发展重点侧重于人口由农村转向城镇以及在校大学生培养与扩招的问题。伴随户籍制度改革（以2011年武汉市施行的居住证制度为例），人口市民化的问题应得到妥善处理，消除农村人口进入城镇时在工薪、教育、医疗卫生等方面的差别待遇，尽快恢复人口城镇化水平的增长态势，并做到能够同时提高人口城镇化与土地城镇化等其他子系统之间的协调发展。

土地城镇化在武汉城市圈最近八年的发展之中，其作为城镇化发展的载体为人口城镇化、经济城镇化等多个方面的发展起到基础性的作用。基于以上两点，武汉城市圈应主要调整用地结构，适度发展建成区，在节约用地的基础上与人口入市、经济重心偏移的相关决策匹配施行（例如建成区用地扩张与农村人口进入城镇的体量相适应），共同促进城镇化的综合性水平。

经济城镇化是目前发展的主要动力，尽管发展水平有过区位波动，但是总体上升趋势明显。经济发展的目的不仅是GDP总量的增长，还是通过产业结构升级，以创新的模式实现产业转移，减少重工产业占比，将经济发展与科技创新共同考量。利用具有地方特色的产业（例如孝感的温泉旅游产业、仙桃市乡镇工艺产业等）发展为城镇化提供物质基础。

生态城镇化既是矛盾点又是突破点。在经济城镇化的不断发展下，人类社会与自然环境之间的矛盾自然凸显出来，尤其是由于产业发展、人口密集等现实所带来的噪音、空气、植被方面的生态问题。不可否认城镇化是人类向自然资源不断索取的过程，但这一矛盾并非不可抗衡，索取也并非无度。近年来，单位GDP能耗不断降低，建成区绿地面积持续扩张体现了政府部门对于生态城镇化的有力发展。武汉城市圈应持续推进生态文明的保护工作，在能源创新、产业技术创新的共同努力下遏制污染源，着力环境绿化、新型能源的应用发展，确保城镇环境宜居、宜建，生态环境安全、稳定。

1.2.7　城镇化进程中的土地流转双边匹配问题

2018 年 3 月 12 日，中共中央办公厅、国务院办公厅联合印发了《关于引导农村土地经营权有序流转　发展农业适度规模经营的意见》，该指导意见重点强调了坚持土地流转政策不放弃的重要性和必要性，同时明确指出伴随着工业 4.0、全球信息化、全面建设城镇化和农业现代化进程，农业物质技术的装备水平也不断得到了提升，与此同时发展现代农业不可忽视的一点就是土地流转和适度经营的难题。该指导意见同样强调，制定土地流转政策务必要以坚持农村土地集体所有权，保障农户承包权为前提；以坚持依法、自愿、有偿划地用地为原则；以广大农民为政策主体，政府加以引导扶持，充分发挥市场配置资源的能力。此外，对于土地流转的管理和服务，该文件鼓励相关部门发挥主观能动性，授权有关部门健全农村土地经营管理和服务网络，包括但不仅限于为流转双方提供信息发布、政务咨询、委托办理流转手续等服务。

农村土地流转存在土地经营权出让方和受让方双主体，在土地出让过程中，双方会根据彼此的偏好信息共同协商、相互选择，其特征是双边匹配，即最终结果是土地经营权出让方和受让方的均衡。现实情况是，众多土地经营权出让方拥有的可流转土地面积可能较小、呈现分散式特性，这使得多个土地经营权出让方会与单个土地经营权受让方进行交易，此时土地经营权出让方与土地经营权受让方的相互选择过程又可视为多对一双边匹配问题。

1.3　框架结构

本书的研究思路如图 1-1 所示。

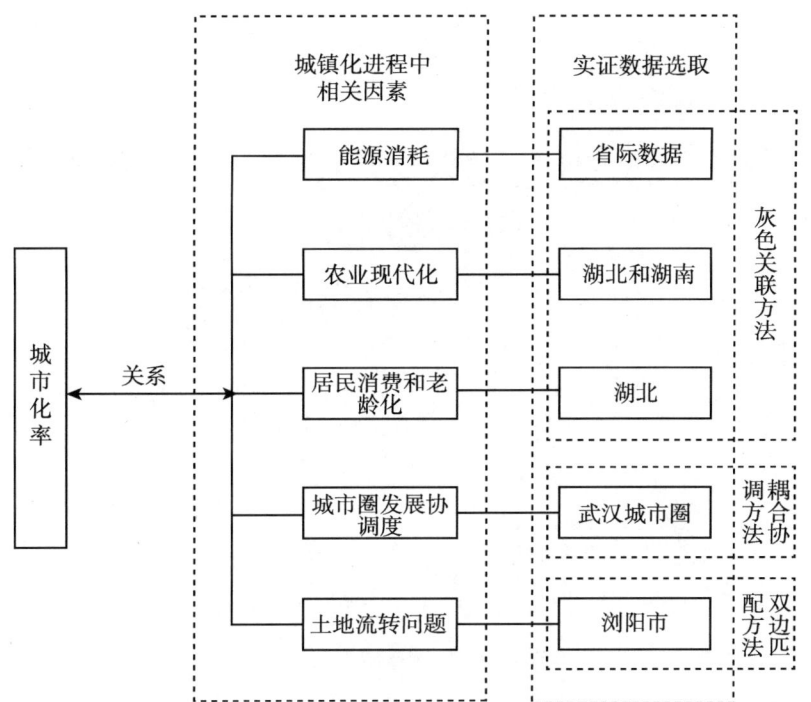

图 1-1 研究思路导图

第 2 章 城镇化进程中的能源消耗因素

2.1 引 言

  控制在节能减排工作中往往发挥更加突出的作用；此外，环境规制也主要以行政命令为其主要手段。因此，在这样的背景下，中国碳排放的影响因素将与其他国家不同，这需要进一步研究。值得注意的是，中国是一个幅员辽阔的国家，有许多省份，其中一些省份面积大，各省份在自然地理、人口资源、经济和社会发展方面存在差距。许多省、地区在节能减排过程中面临的问题和获得的结果也是截然不同的。然而，以往大量的相关研究表明，环境质量，特别是空气质量，具有很强的空间相关性。由于风和大气中的湍流运动，使污染源在排放到大气中时能迅速扩散。除自然条件外，不同地区的经济和社会因素也不尽相同，也会相互联系和影响。比如周边经济发展水平区域间也有一定的相似性，导致能源消费与区域的碳排放具有关联性。此外，与环境保护有关的技术具有"空间溢出"效应；甚至是采取区域性的节能减排政策，采取同类政策的政府之间具有一定的关联性和"正外部性"。如果某个区域非常严格地执行环境控制措施，可以提高当地的环境质量。

  在环境变化的驱动因素分析框架中，设定形式简洁的 IPAT 模型被广泛应用（Ehrlich 和 Holdren，1971；Raskin，1995；York、Rosa 和 Dietz，2002）。由于该模型影响因素与环境质量有单调线性的限制，经过多次改进后建立了随机形式的 STIRPAT（Stochastic Impacts by Regression on Population, Affluence and Technology）模型。在分析碳排放影响因素的研究中，这一分析框架中最经典的是对环境变化的影响因素进行了 P、A、T 分类（P：人口因素、A：财富因素、T：技术因素）。在这套分析框架下，林伯强和蒋竺均（2009）结合环境库兹涅茨效应,发现除了人均收入外,能源强度、产业结构和能源消费结构都对二氧化碳排放有显著影响;杨骞和刘华军等(2012)为考察碳排放强度和人均碳排放量的地域差异,共选取人均 GDP、能源强度、能源结构、人口规模、产业结构、城市化率、贸易开放度、外商直接投资八大指标,证实了除能源强度、能源结构、人均 GDP、产业结构外,其他因素对碳排放影响相对较小;Wu 和 Niu(2008)则实地考察了多个农村的碳排放状况,发现农村家庭能源消费能力是造成碳排放区域差异的主要因素,农民的年龄结构、教育背景、职业是影响家庭能源碳排放量的关键因素。通过人均消费支出和单位人统计方法,构建消费模型和层次聚类分析等系列统计数据,研究了中国 31 个省市自治区消费水平差异对资源环境的影响。陈晓红、易国栋和刘翔(2017)等结合非期望产出的 SBM – DEA 模型与 SFA 方法,提出了基于非期望产出的三阶段 SBM – DEA 模型,用于测算全要素碳排放效率,期望客观真实地评价中国 30 个省市自治区近年来的碳排放管理水平,同时研究外部环境对投入产出松弛的影响,为改善碳排放率提供现实指导方向。刘莉娜等(2016)根据 IPCC 参考方法、生活碳排放研究方法和投入产出基本方法,计算了 1995—2010 年中国大陆 31 省市区农村人均家庭碳排放量。通过因子分析方法,剔除与农村人均家庭碳排放量不显著相关的影响因素,利用灰色关联分析方法对与农村人均家庭碳排放量显著相关的影响因素进行评价,得出不同驱动因子对碳排放的关联度。

探究碳排放影响因素问题还有一种较为常用的 Kaya(1989)框架,专门研究人类经济与社会活动同二氧化碳排放量之间的关系,主要分析四个影响因素——排放强度、能源强度、人均收入、人口数量。华中科技大学的林伯强和刘希颖(2010)对 Kaya 恒等式作出适当改进,引入城市化因素,认为只有在保证人均 GDP 的前提下,降低能源强度、改善能源结构,控制城镇人口数量,才有机会实现低碳转型。Ang(2004)在 Kaya 恒等式上进一步做指数分解提出 LMDI 分解法,由于对所有分解因素可以进行无残差分析,其成为能源环境领域的主流研究工具。王开和傅利平(2017)利用 LMDI 法作产业结构、能源强度和排放因子三因素分解,探讨了京津冀地区碳排放强度变化的影响因素。在环境变化影响因素的专用分析框架外,还有对碳排放影响因素进行其他统计回归的定量分析方法,譬如张先锋等(2013)运用偏最小二乘建模分析了能源消费结构、经济发展水平、产业结构、人口规模、城市化率以及碳排放强度对四类区域碳排放的影响。还有将这些方法与系统理论进行综合运用的研究,杨沫和陈凯（2017）在 STIRPAT 及解耦模型基础上利用灰色模型研究影响河北省碳排放量的主要因素，发现产业结构对河北省碳排放影响最大，其次是煤炭消费量、城镇人口占比等有促进作用，另外能源价格和研究与发展经费支出的影响系数较小；而能源结构、能源强度对河北省碳排放量有一定的抑制作用。刘源等（2014）应用 LMDI 方法，考虑厦门市产业部门和家庭消费两个角度，基于终端消费数据进行因素分解，研究结果表明：厦门市碳排放强度下降，其中产业部门能源强度对总碳排放强度变化影响最大。刘茜（2018）通过扩展 Kaya 恒等式采用分解结果无残差项的 LMDI 方法，以 2006—2015 年全国 30 个省份为研究对象，具体包括排放因子、能源强度、产业结构、人口城镇化、土地城镇化、收入城镇化六种效应分因素测度，各因素对二氧化碳排放量（文中以碳排放量简称）的贡献值及贡献率。刘丙泉、程凯和马占新（2016）通过对 Kaya 恒等式的扩展，应用 LMDI 将城镇化对物流行业碳排放变动造成的影响拆分为人口城镇化、空间城镇化、收入城镇化和产业城镇化四种效应，针对我国 29 个省市 2007—2013 年物流业碳排放变动的根本原因进行分析，得到的结果表明：考察期内城镇化对我国各省市物流业碳排放变动的促进作用远远超过了非城镇化要素，城镇化已成为推动各省市物流业碳排放的关键因素，且物流业各要素对处于不同城镇化阶段的省市的影响并不一致。Cui、Zhao 和 Shi（2018）根据河北省的实际情况，采用变换后的 Kaya 恒等式选取了八个影响因素，同时，采用扩展的 STIRPAT 模型和岭回归进行回归分析。

还有研究用单位 GDP 的碳排放量（也称为碳排放强度，CEI）来衡量区域碳排放绩效。Dong 等（2018）采用结构分解分析（SDA）和分位数回归方法，探讨了影响我国 CEI 变化的因素。基于投入产出 SDA，对 1992—2012 年我国 CEI 从经济总量和部门经济进行分解。结果表明，工业部门是能源节约和减排关键部门。其所做出的能源效率对 CEI 减排贡献最大，而投入结构、最终需求结构和最终产品结构是阻碍 CEI 减排的因素。此外，还引入了能源结构、技术进步、工业化指标和最终消费率作为代理变量。为了揭示影响因素随 CEI 增加的变化，利用 1999—2014 年 30 个省份面板数据进行分位数回归，探讨这些代理变量对 CEI 的影响。结果表明，能源结构、工业化指标和最终消费率对 CEI 有正向影响。随着 CEI 的增加，能源结构的影响逐渐增大，而工业化指标的影响趋于减小，最终消费率的影响先增大后减小。技术进步和城市化都有效地降低了 CEI。随着 CEI 的增加，技术进步的负面影响呈现先下降后上升的趋势。相反，城市化的负面影响是先增加然后减少的过程。Sutthichaimethee 和 Dockthaisong（2018）利用 2006—2013 年中国四大城市群 64 个城市的跨城市面板，估计了与城市居民能源相关的二氧化碳排放。然后运用固定效应两阶段最小二乘法（2SLS），通过对人口、富裕程度和技术的回归（STIRPAT）模型，利用增强随机影响探讨城市化与居民二氧化碳排放之间的关系。结果表明，2006—2013 年，四个城市群的居民平均二氧化碳排放量有较强的增长趋势，从 285 万吨增加到 567 万吨。那些拥有市政和首都城市地位的城市排放更多的住宅二氧化碳。城市人口比重的上升对居民二氧化碳排放有显著影响，人口规模、人均 GDP、城市密实度和城镇化综合水平也有显著影响。城市人口比重对居民二氧化碳排放量有正向影响，其至超过了中国城市群的分界点（75%）。GDP 增长对居民二氧化碳排放有负面影响。因此，城市群的发展和扩张应具有良好的组织性。王长建等（2017）在分析典型的 IPAT 模型基础上，采用扩展的 STIRPAT 环境压力评价模型，对 1990—2014 年主要影响广东省能源消费碳排放的驱动因子采取了时间序列分析方法，并通过定量分析的方法研究了各个驱动因子对于某地区的碳排放的作用机理与影响机制。武翠芳等（2015）基于 STIRPAT 模型，运用岭回归统计方法对甘肃省交通碳排放影响因素进行定量分析。甘肃省的交通方面造成的碳排放总量和人均碳排放量每年都在上升，而甘肃省是煤炭、汽油、柴油、电力等传统能源消费大省，这些传统能源消费导致的碳排放量占交通碳排放量的绝大部分；城镇化水平、客运周转量、货运周转量、人均 GDP 每增长 1%，导致交通碳排放分别增长 0.221%、0.137%、0.174% 和 0.125%。建设低碳交通体系将成为甘肃省交通部门减碳的有效途径。Wang 和 Ma（2018）基于不良输出数据包络分析（DEA）模型的 Malmquist 指数研究 2000—2014 年江苏省 13 个城市的可扩展工业 CO_2 排放。使用 Tobit 分析影响 CO_2 排放效率的因素模型以城市化水平为核心变量，以其他四个因素（能源消费结构、工业化水平、对外贸易和研发支出）为控制变量。结果表明，江苏低碳经济的全要素生产率（TFP）指数平均年增长率为 0.7%，低碳总效率增长 9.3%。主要影响因素是 2000—2014 年技术进步年均增长 1.5%，但纯技术效率和规模效率正在下降。Dai 和 Niu（2018）首先考虑了人口、人均 GDP、城市化率、产业结构、能源消费结构、能源强度、煤炭消费总量、碳排放强度、进出口总量等影响二氧化碳排放因子，采用改进的混合蛙跳算法（MSFLA）优化的 GM（1，1）（灰色模型）和最小二乘支持向量机（LSSVM）的 CO_2 排放预测模型（MSFLA – LSS-

VM）。Bai 等（2019）利用 2005—2015 年中国省级数据，分析了中国人均交通碳排放的趋同特征，采用 logit 回归测试方法和部分聚类算法，将中国各省市分为三个不同碳排放运输水平，回归结果表明交通运输部门能源强度高，城市化程度高。在考虑了欧洲国家之间的异质性，Neagu 和 Teodoru（2019）使用异构面板技术，包括通过完全修正的最小二乘法（FMOLS）和动态普通最小二乘法（DOLS）进行面板估计。实证结果表明，经济复杂性、能源消费结构和温室气体排放之间存在长期均衡关系。

2.2　能源消耗碳排放影响因素

温室气体排放系统是一个以"小样本、贫信息"为特点并且具有不确定性的灰色系统，灰色系统理论提出了分别对每个子系统进行灰色关联度分析，目的是通过一定的方法，来探索分析总系统中每个子系统（或因素）之间的数值关系。灰色关联度分析是一种多因素统计方法，通过位移差反映数据序列间发展过程的相近性，直接找到系统发展过程中重要和次要因素，对数据特征和样本容量规律性要求较低（谭学瑞和邓聚龙，1995；刘勇和刘思峰，2013）。因此，灰色关联度分析对于一个在不断发展变化的系统状态提供了从量化角度去度量的方法，这对于动态过程的分析效果十分显著。

灰色关联分析方法将研究对象的受影响因子影响的值和影响因子作为一条直线上的点，将其与待识别对象及影响因素的因子值所绘制的曲线进行对比，通过研究对象与待识别对象的接近程度的对比分析，分别进行量化，计算研究对象与待识别对象的影响因素之间的接近程度。通过比较各关联度的大小来判断待识别的对象对所要研究的对象的影响程度的大小。因此有学者利用灰色关联方法来研究碳排放影响因素问题，佟昕、陈凯和李刚（2015）确定了技术进步、人口因素、经济增长、产业结构、能源价格和城市化率六个碳排放的主要影响因素后，对比分析了全国 30 个省域碳排放与不同影响因素的关联性。要发展低碳经济则在生产过程中应当不断减少能源消耗，降低污染物排放量，减少对自然的污染，并且要将这些影响因素综合起来，实现从高能耗到低能耗转变的新型的创新的经济发展模式。这与人们的日常生活紧密相关，同时有助于实现社会生活的良好、快速和健康的和谐发展。发展低碳经济的关键问题在于高效高质量地控制能源消费导致的碳排放问题。

除了自然过程之外，由于化石燃料燃烧产生的温室气体排放以及密集的经济活动也大大加剧了气候变化。而城市化作为最严重、最不可逆转的土地利用变化之一，通过改变人类活动模式对环境产生复杂的影响，可能改变区域碳储量和碳组成格局。城市化一直被视为全球能源消耗飙升和二氧化碳排放迅速增加的一个重要因素。特别是作为最大的发展中国家，中国的城镇化水平对二氧化碳排放有着重要的影响，并导致了气候变化。二氧化碳作为一种大气资源，在自然因素的影响下，可以向周边地区传输，相邻地区和省份的二氧化碳排放具有相似的特点，政府应采取措施控制碳排放的内在空间效应。

改革开放以来，中国年均 GDP 增速高达 9.8%。伴随着经济增长而来的是外商直接投资的大量流入，能源消耗逐年大步递增。根据国际能源总署（IEA）公布的行业调查数据可知，我国能源消耗总量已跃居世界第二，与此同时，我国城镇化进程也在经济快速发展和外商大量投资的步伐下加快前进步伐。此外，从社会消费的角度来看，中国制造的商品更多地体现了虚拟二氧化碳的不可忽视性，由此引发的客观难以调和的矛盾是我国社会经济过快发展与生态环境遭受破坏。Liang（2019）估计了 2000—2015 年中国各省市区的碳排放强度。首先，其利用空间统计分析了我国碳排放强度的时空格局演变；其次从创新驱动的角度，结合创新技术数据和规模因素构建空间面板模型，探讨碳排放强度的主要影响因素及其空间溢出效应。结果表明，我国省级碳排放强度具有明显的空间集聚特征，区域差异正在改善，部分影响因素的空间溢出效应明显；专利授权总数量、技术市场周转率、外商直接投资总额、人均 GDP^2 等创新指标对碳强度有显著的负影响，城市化率、能源消耗总量、人口规模等常规变量对碳强度的影响显著为正。相较前述研究碳排放影响因素的众多文献中，Liang（2019）纳入考虑的影响因素数量明显增多。

由于不同研究视角和方法选取的不同，众多文献对碳排放影响因素的指标选择差异显著，且数量一般在六个左右。并且，这些指标的选择原因，文献中一般很少给出定量分析过程，只是根据已有文献和研究问题的特征定性选取。为避免可能遗漏重要的潜在碳排放影响因素，可以首先构造一个碳排放影响因素池，然后根据该问题本身的数据特征，筛选出与二氧化碳排放量有较强相关关系的影响因素，再进行深入研究。基于此，本书首先对研究碳排放影响因素的文献进行梳理,将众多碳排放影响因素按照人口、经济、技术指标(PAT分类)分成三大类,然后利用对数据特征要求低的灰色关联分析方法,来判断各潜在影响因素与碳排放量的关联紧密性,并按照其关系的强弱程度划分出梯队来区别重要和次要影响因素。这种从数据出发的分析模式有助于在特定碳排放影响因素研究中用定量方法快速有效地识别出关键影响因素。

2.3 碳排放 PAT 因素的绝对灰色关联模型

2.3.1 碳排放的 PAT 多影响因素分析

据《中国低碳发展报告(2017)》,2015年中国能源相关的碳排放下降0.6%,2016年在经济仍保持中高速增长的情况下,中国的碳排放持续下降。根据国际能源署发布的《世界能源展望2017中国特别报告》,中国能源结构主体从煤炭逐步转换到清洁、可再生能源。这意味着中国将进入绿色能源时代,带动全球碳排放负增长。因此在"十三五"时期,用低碳政策引领协调现有政策体系显得尤为重要。那么,我国如何在保证经济可持续增长的同时,走出一条绿色低碳发展之路已引起国内外学术界的广泛探讨,而全面考虑碳排放影响因素是研究的热点之一。

通过对现有文献的回顾总结,在遵循相关性和客观性、独立性和可比性、可得性和经济性三大原则的基础上选择了三大类指标人口P、经济A和技术T共24项潜在碳排放影响因素,建立碳排放影响因素指标体系表(见表2-1)。

表 2-1　　　　碳排放的多种潜在影响因素(PAT 分类)

	二级指标	指标解释
人口 指标 P	X1 人口总数	常住人口总数(万人)
	X2 城镇化率	城镇人口与人口总数的比值(%)
	X3 年龄结构	15—64 岁人口数与人口总数的比值(%)
	X4 教育背景	普通高校在校大学生人数占人口总数的比率(%)
	X5 职业	第二产业就业人口数量与人口总数的比值(%)

续表

	二级指标	指标解释
经济指标 A	X6 人均 GDP	总生产值与人口总数之间的比值（元）
	X7 人均 GDP^2	人均生产总值的平方，反映碳排放和人均 GDP 的环境库兹涅兹影响
	X8 人均可支配收入	城镇居民的人均可支配收入（元）
	X9 人均消费	城镇居民的人均消费（元）
	X10 居民消费多样性指数	城镇居民在食品烟酒、衣着、居住、生活用品及服务、交通通信、教育文化娱乐、医疗保健、其他用品及服务八大类消费支出上的分配情况
	X11 能源价格	燃料购进价格（元）
	X12 能源消费弹性	增加 1% 的 GDP 需要增加投入的能源数量（%）
	X13 产业结构	第二产业生产值占总生产值的比值（%）
	X14 所有制结构	公有制经济生产值占总生产值的比值（%）
	X15 贸易开发度	进出口总值（万美元）
	X16 固定资产投资	包括建筑等在内的固定资产投资总额（万元）
	X17 公共投资	一般政府预算支出（万元）
	X18 外商直接投资	直接被本市利用的外商投资总额（万美元）
技术指标 T	X19 能源强度	实现万元 GDP 需要消耗的能源总量（%）
	X20 能源结构	煤炭消耗量占总能源消耗的比值（%）
	X21 研发费用支出	中大型企业的技术研究开发费用（万元）
	X22 技术改造	中大型企业的技术提升改造费用（万元）
	X23 技术引进	中大型企业的先进技术引进投入（万元）
	X24 生态化效应分解	绿化覆盖面积（公顷）

注：该表中的指标选取来自杨骞和刘华军（2012）；Wu 等（2017）；林伯强和刘希颖（2010）；林伯强和蒋竺均（2009）；李锴和齐绍洲（2011）；朱勤和魏涛远（2013）；潘家华和张丽峰（2011）；佟昕等（2015）；张伟等（2016）；赵欣和龙如银（2010）；魏梅等（2010）；何小钢和张耀辉（2012）；张先锋等（2013）；杨沫和陈凯（2017）；袁凯华等（2017）。

人口指标 P：结合前人的研究，发现人口规模以及城市化的进程都加深了社会对能源消耗的依赖，而老龄化使能源消耗不减反增；教育提升了社会的低碳意识，对减少碳排放有一定的积极作用；第二产业作为能源消耗的主要产业，其就业人口直接反映了该地区的第二产业消耗能源的规模。因此，本书选择人口总数、城市化率、年龄结构、教育背景、职业五个因素作为人口指标的表征。

经济指标 A：一个经济体所处的经济发展阶段决定了该经济体的能源消费特征。在借鉴前人研究的基础上，结合实际情况，本书从收入、消费、生产、投资四个角度考虑内部经济发展，同时也充分考虑对外贸易、外商投资对经济状态的影响，总共选取了人均 GDP、人均 GDP^2、人均可支配收入、人均消费、居民消费多样性指数、能源价格、能源消费弹性、产业结构、所有制结构、贸易开发度、固定资产投资、公共投资、外商直接投资 13 个因素作为衡量经济指标的表征。

技术指标 T：科学技术水平决定了一个经济体的能源利用效率以及对碳排放效应的分解能力。本书主要选取了能源强度、能源结构、研发费用支出、技术改造、技术引进、生态化效应分解六个因素反映技术指标。

2.3.2 传统灰色关联模型及其改进

把一段时间内的二氧化碳排放量历史数据记为 X0 数据母序列，而相同时段内 24 个潜在碳排放影响因素数据子序列为 X1 至 X24。传统灰色关联模型通过样本数据按公式计算，得到各个子序列与母序列的灰色关联度系数，以此来描述 24 个潜在影响因素与碳排放量之间的关联强弱、大小及次序。然而传统方法中，当序列之间负相关时灰色关联度仍大于零，这与系统实际情况产生了巨大的反差与矛盾。为了更好地解决这一问题，梅振国（1992）和刘勇（2012）提出一种拓展的灰色绝对关联度模型，充分考虑了序列曲线间的正、负相关性。灰色绝对关联度计算程序及公式如下（这里，每一个数据序列 X_i 有 n 期数据）：

第一步：对各序列进行规范化处理，得到各序列的初值像。令：

$$X'_i = X_i/x_i(1) = (x'_i(1), x'_i(2), \cdots, x'_i(n)), i = 0, 1, 2, \cdots, m \quad （式2-1）$$

第二步：计算序列均值和差序列。记：

$$\begin{cases} \overline{x_i} = \frac{1}{n}\sum_{t=1}^{n} x_i(t) \\ \Delta x_i(t) = x_i(t + \Delta t) - x_i(t) \end{cases} \quad （式2-2）$$

可近似认为 $\frac{\Delta x_i(t)}{t}$ 为 $x_i^0(t)$ 在 t 到 Δt 的斜率。

第三步：在此基础上，计算灰色绝对关联系数 $\varepsilon_{oi}(t)$：

$$\varepsilon_{oi}(t) = \mathrm{sgn}(\Delta x_0(t) \cdot \Delta x_i(t))$$

$$\frac{1 + \left|\frac{1}{x_0} \cdot \frac{\Delta x_0(t)}{t}\right| + \left|\frac{1}{x_i} \cdot \frac{\Delta x_i(t)}{t}\right|}{1 + \left|\frac{1}{x_0} \cdot \frac{\Delta x_0(t)}{t}\right| + \left|\frac{1}{x_i} \cdot \frac{\Delta x_i(t)}{t}\right| + \left|\frac{1}{x_0} \cdot \frac{\Delta x_0(t)}{t} - \frac{1}{x_i} \cdot \frac{\Delta x_i(t)}{t}\right|},$$

$$i = 1, 2, \cdots, m \qquad\qquad (式2-3)$$

其中,

$$\mathrm{sgn}(\Delta x_0(t) \cdot \Delta x_i(t)) = \begin{cases} 1, \Delta x_0(t) \cdot \Delta x_i(t) \geq 0 \\ -1, \Delta x_0(t) \cdot \Delta x_i(t) < 0 \end{cases}$$

为关联符号函数,在社会经济实际中序列数据的 n 期取值是离散型数据,令 $t = 2, \cdots, n$,则 $\Delta t = 1$。

第四步:计算子序列 X_i 与母序列 X0 的灰色绝对关联度 ε_{oi}:

$$\varepsilon_{oi} = \frac{1}{n-1} \sum_{t=2}^{n} \varepsilon_{oi}(t) \qquad\qquad (式2-4)$$

2.4 重庆市碳排放多影响因素灰色关联度分析

2.4.1 数据来源

重庆市是我国唯一位于中西部的直辖市,是"一带一路"和长江经济地带的重要联结点以及内陆开放高地,其经济建设基本形成大农业、大工业、大交通、大流通并存的格局,第一、二、三产业发展较为均衡,因此选取重庆市为目标城市进行实例分析。由于 2015 年是我国碳排放量的一个拐点(张希良和齐晔,2017),所以把研究时间跨度放到 2015 年前十年间,利用绝对关联模型测算来研究重庆市碳排放多影响因素。

将重庆市碳排放量定义为 X0,由于无碳排放量统计值,而碳排放主要来自煤炭、石油、天然气等化石燃料燃烧的消耗,因此采用因素分解方法对碳排放量进行估算,计算方法与参数设定借鉴林伯强和蒋竺均(2009)所用(式2-5),煤炭、石油和天然气燃烧排放的 CO_2 等于各自的消费量乘以转化率,再乘以 CO_2

排放系数。

$$C(t) = E(t)\sum_{i=1}^{3}\beta_i \qquad (式2-5)$$

其中，$C(t)$ 为第 t 年的总 CO_2 排放量，$E(t)$ 为第 t 年总能源消耗量（单位：10^4 吨标准煤），β_i 为煤炭、天然气、石油能源的 CO_2 排放系数，其中碳排放系数本书采用美国能源部能源情报署（EIA）、日本能源研究经济所、国家科委气候变化项目和国家发展与改革委员会能源研究所的分品种能源碳排放系数的平均值：煤炭 0.733，石油 0.557，天然气 0.423（陈志建，2010）。

在对重庆市碳排放影响因素进行实例分析时，需要的经济与社会数据均来自《重庆统计年鉴》（2006—2015年），其中由于 2014—2015 年人均可支配收入、人均消费指标数据只能得到城镇常住人口的数据，因此本书以 2013 年为基准，将 2014—2015 年城镇常住人口人均可支配收入费调整为城镇居民人均可支配收入，2014—2015 年城镇居民的人均消费也用同样的方法处理得到。

2.4.2 碳排放多影响因素灰色绝对关联性梯队分析

根据 2006—2015 年重庆市碳排放相关数据可以看出，碳排放量逐年递增，十年来已经由 2359.16 万吨增长至 4556.91 万吨，说明低碳减排对于重庆市而言是一个迫在眉睫的难题。在人口指标方面，重庆市的人口规模、城市化率、受教育程度、第二产业就业规模逐年稳步上升；在经济指标方面，重庆市的经济发展势态迅猛，生产结构仍是以第二产业为主，但由公有制逐步转换为私有制，十年来可支配收入的翻倍增长也拉动了消费增加，但居民消费结构的偏好没有大的改变，伴随着内部经济的提升而来的是对外贸易的开放以及外商投资超过 10 倍的剧增；在技术指标方面，技术的进步使得能源强度降低，能源利用效率呈现倍数增长，而大中型企业更是注重技术投资，不管是技术的改造还是引进新技术的规模都突破了 5 倍的扩大规模，同时重庆市政府也加强对低碳减排政策的投入，积极扶持低碳绿色技术的创新与运用。

应用改进灰色关联分析模型衡量了母序列（重庆市碳排放量）与子序列（各潜在碳排放影响指标）之间的灰色关联信息，得到的灰色绝对关联度数据如表 2-2 所示，并根据其值大小即灰色绝对关联性强弱划分出关联度梯队。

表 2-2　　重庆市碳排放多影响因素（2006—2015 年）灰色绝对关联度梯队划分

梯次	范围		因素1	因素2	因素3	因素4	因素5	因素6	因素7
第一梯队	>0.99	名称	教育背景	人均可支配收入					
		指标代码	X4	X8					
		所属类别	P	A					
		关联度	0.9917	0.9918					
第二梯队	0.98—0.99	名称	职业	城市化率	人均消费	人均GDP	人口总数	生态化效应分解	
		指标代码	X5	X2	X9	X6	X1	X24	
		所属类别	P	P	A	A	P	T	
		关联度	0.9896	0.9891	0.9896	0.9851	0.9831	0.9824	
第三梯队	0.96—0.98	名称	公共投资	固定资产投资	研发费用支出	人均GDP^2	能源强度		
		指标代码	X17	X16	X21	X7	X19		
		所属类别	A	A	T	A	T		
		关联度	0.9755	0.9743	0.9754	0.9719	-0.9602*		
第四梯队	0.5—0.8	名称	外商直接投资	贸易开发度	技术引进	所有制结构			
		指标代码	X18	X15	X23	X14			
		所属类别	A	A	T	A			
		关联度	0.7501	0.5364	0.533	-0.5295*			
第五梯队	<0.5	名称	能源消费弹性	能源结构	年龄结构	能源价格	产业结构	技术改造	居民消费多样性指数
		指标代码	X12	X20	X3	X11	X13	X22	X10
		所属类别	A	T	P	A	A	T	A
		关联度	0.3522	-0.3239*	0.3211	-0.3149*	0.119	-0.1038*	-0.0991*

注：*表示该潜在影响因素与碳排放量是负相关关系。

从表 2-2 可以看出，能源强度 X19 与碳排放量之间是高负相关关系，因为高能源强度代表能源利用效率更高，创造万元 GDP 消耗的能源更少，自然碳排放量就会更少。所以相较传统的取值非负灰色关联度而言，灰色绝对关联分析模型具有更好的经济管理意义解释，可以更好地反映序列间的相关性。

值得注意的是，有些潜在影响因素同属 PAT 其中一类，但灰色绝对关联度差异显著。例如在经济指标 A 类下，固定资产投资 X16（第三梯队）、所有制结构 X14（第四梯队）与产业结构 X13（第五梯队），这些都对重庆市制定低碳减排和绿色能源政策具有重要的启示作用。说明在一定空间范围内重庆市政府可以减少固定资产投入，并采取供给侧结构性改革，对所有制结构和产业结构进行调整，从而激发过去十年间尚未显性的影响因素。另外，不需要全面提升 PAT 某类指标，可以按照梯队顺序首先推动关键因素的发展，以"点"而不用以"面"撬动现有碳排放系统，逐步实现绿色低碳的循环经济体系。与此同时，根据灰色绝对关联度的正负方向和大小，还可以初步估计撬动的方向与力度，例如提高而不是降低能源强度，同时相对提高能源强度的力度可以更多地着力提升本地教育背景。

2.4.3 碳排放 P、A、T 因素比较分析

为了较好融入环境变化的驱动因素分析框架，或宏观简洁地描述碳排放影响因素，可以将微观层面的碳排放影响因素组合成 P、A、T 三大类，并进行对比分析。在排除 P、A、T 类别中个别具有较小灰色关联度系数的影响因素（位于第四、第五梯队内）后，说明在 2006—2015 年这十年间重庆市碳排放影响因素排名依次为：人口因素、经济因素、技术因素。值得提出的是，这个排名中的人口因素删去了"年龄结构"；经济因素删去了"贸易开发度、所有制结构、能源消费弹性、能源价格、产业结构和居民消费多样性指数"；技术因素则删去了"技术引进、能源结构、技术改造"。具体数值分析结果如表 2-3 所示。

表 2-3　重庆市碳排放影响因素 PAT 因素比较分析（2006—2015 年）

人口因素 P			经济因素 A			技术因素 T		
名称	代码	关联度绝对值	名称	代码	关联度绝对值	名称	代码	关联度绝对值
教育背景	X4	0.9917	人均可支配收入	X8	0.9918	生态化效应分解	X24	0.9824
职业	X5	0.9896	人均 GDP	X6	0.9851	研发费用支出	X21	0.9754
城市化率	X2	0.9896	人均消费	X9	0.9850	能源强度	X19	0.9602
人口总数	X1	0.9831	公共投资	X17	0.9755	技术引进*	X23	0.5330
年龄结构*	X3	0.3211	固定资产投资	X16	0.9743	能源结构*	X20	0.3239
			人均 GDP^2	X7	0.9719	技术改造*	X22	0.1038
			外商直接投资	X18	0.7501			
			贸易开发度*	X15	0.5364			
			所有制结构*	X14	0.5295			
			能源消费弹性*	X12	0.3522			
			能源价格*	X11	0.3149			
			产业结构*	X13	0.1190			
			居民消费多样性指数*	X10	0.0991			
λ_P	0.9885		λ_A	0.9806		λ_T	0.9727	
	0.8550**			0.6604**			0.6464**	

说明：λ 为宏观指标内微观影响因素均值。
　　　*重庆市碳排放灰色绝对关联度第四、第五梯队影响因素。
　　　**保留所有影响因素时 PAT 因素的灰色关联度。

可以看到，无论哪个排名中，人口因素和经济因素都是导致近十年碳排放量增长的重要原因，而技术因素的影响力就相对弱一些。究其原因，是因为技术指标中的技术引进、能源结构和技术改造因素影响薄弱。这也从侧面印证了我国自2016年开始改变以煤炭为主的能源消费结构政策的先进性，同时也为非化石能源规模化发展及清洁高效利用技术普及政策制定补充了理论支持。

因此，根据实证研究结果，可以从以下三个方面为重庆市制定低碳减排政策提供一些建议。

第一，人口因素应当是优先考虑精进的。普及高等教育，提高低碳意识，促进第三产业就业可以说是降低碳排放最直接的方式。重庆市在城市化进程中，人口规模快速扩大，山城地理条件也限制了绿色出行的发展，因此政府要合理控制人口规模，发展公共交通，减轻该类因素带来的碳排放影响程度。

第二，可以有针对性地对高能耗的居民消费制定限制政策，例如山路难行带来的私家车、摩托车激增问题，可以开展车辆限购等。控制好城市投资的速度和力度，发挥产业结构调整对碳排放影响的潜能，优化产业结构。

第三，提倡科学生产，投入生产技术研发，提升能源利用效率，优化现有能源结构。

2.5 全国碳排放多影响因素灰色关联度分析

2.5.1 数据来源

在利用绝对灰色关联模型测算重庆市碳排放多影响因素之后，为了全面拓展测算方法和指标体系构建的实用性和适宜性，本书将积极扩大范围，选取全国25个省市区，包括福建省、北京市、安徽省、江苏省、江西省、辽宁省、山东省、山西省、上海市、天津省、湖南省、河南省、广西壮族自治区、甘肃省、云南省、贵州省、宁夏回族自治区、广东省、四川省、浙江省、陕西省、河北省、湖北省、吉林省、黑龙江省、海南省，其中由于海南省的统计年鉴等资料不完整，导致关键数据收集较为困难，无法收集完整，例如能源结构、技术改造、技术引进等数据就存在部分丢失，因此，本书在最终结果的分析与对比中，没有将海南省纳入研究规模。针对全国 25 个省市区的数据进行分析，从人口角度看，既有人口大省——广东省、山东省、河南省、四川省，又有人口密度低的小省区——宁夏回族自治区；从经济发展程度来看，既有经济发展高速、贸易往来频繁的北京市、上海市两大巨头，又有经济较为落后、对外开放度低的甘肃省、云南省、黑龙江省等；从技术支持角度看，本书选取的 25 个省市区中，既有技术引进和改进较为积极的江苏省，也有技术闭塞落后的贵州省，保证了实例选取的全面性和可取性。为了和前文重庆市的分析保持时间跨度的一致与协调，本书针对全国 25 个省市区的数据分析选取 2006—2016 年这 11 年间的数据作为基础，同时考虑到数据处理的复杂性和可操作作性，以及数据分析的可行性和可比性，本书在此阶段并未利用绝对灰色关联模型测算 25 个省市区的碳排放多影响因素，而是另行选取相对灰色关联模型，利用相对灰色关联模型测算全国 25 个省市区的碳排放多影响因素，从因素本身出发，总结对碳排放影响较为重要的因素，为全国的低碳减排事业提出指导性的建议。

与重庆市的数据处理一致，本书分别将 25 个省市区的碳排放量定义为 $X0$，由于无法直接收集碳排放量统计值，而现实生活中碳排放主要来自煤炭、石油、天然气等化石燃料燃烧的消耗，因此，本书仍然采用因素分解方法对碳排放量进行估算，计算方法与参数设定与上文对重庆市的碳排放量处理一致；同时由于所有制结构这一统计值在众多省市区的年鉴资料中都处于缺失状态，因此本书基于数据收集的可操作性和一致性将所有制结构这一指标删除。主要的数据来源于 2006—2016 年各省市区的统计年鉴、能源统计年鉴、技术统计年鉴以及全国统计年鉴等资料。

2.5.2　描述性统计分析

根据 2006—2016 年全国 25 个省市区碳排放相关数据可以看出，各个省的总碳排放量基本处于增长的趋势，例如河北省，11 年间碳排放量已经由 3540336 吨增长至 6443677 吨，贵州省 11 年间的碳排放量也从 2006 年的 4953643 吨增长至 2016 年的 7982740 吨，广东省的碳排放量同样从 5535648 吨增长至 7679064 吨，事实再次表明低碳减排对于各个省市区而言都是一个迫在眉睫、不容忽视的难题。而从碳排放强度角度看，人均 GDP 的增速高于碳排放量的增速，这反映了各省市区的经济发展速度快于碳排放增长速度。在人口因素方面，各省市区的人口规模、城市化率、受教育程度、第二产业就业规模逐年稳步上升；在经济因素方面，各个省市区的经济发展势态不一，生产结构也有不同，但大多数仍是以第二产业为主，也有少部分是以第一或第三产业为主，因此碳排放量相对而言是比较低的；11 年来可支配收入的翻倍增长也拉动了居民消费的明显增加，但居民消费结构的偏好没有较为明显的改变，伴随着内部经济的提升而来的是对外贸易的开放以及外商投资的增加；在技术因素方面，技术的进步使得能源强度降低，能源利用效率呈现倍数增长，而大中型企业更是注重技术的投资，不管是技术的改造还是引进新技术的规模都实现了翻倍的扩大；从主观角度看，绿化投入对碳排放量具有巨大影响，相应体现在数据上的是各个省市区相当明显、不约而同地加大绿化的力度，在不要求降低碳排放总量的前提下，转换思路，提升生态化分解效应，将能源消耗产生的碳污染尽可能降到最低，在保证不损失经济发展速度的前提下保护生态环境，一举两得。

2.5.3　各省会城市碳排放多影响因素灰色关联分析

针对总碳排放量而言，灰色关联分析的总体结果较好，50% 以上的系数都达到 0.9 以上，但也呈现出两极分化的现象，说明本书所建立的指标体系拟合效果很好，仍有改进的空间。从个体分析来看，平均灰色关联度系数分布较为集中，排名第一的为教育背景，达 0.95，而河北省碳排放量与教育背景的灰色关联度近乎高达 1.00，这与 11 年间河北省大力发展教育事业，引进知识型人才有很大的关系；排名第二的是人均可支配收入、第二产业就业人数、人均消费，达到 0.94，其中山西省的人均可支配收入和人均消费与碳排放量之间的关联度几乎达到 1.00，这说明山西省近年来在能源消耗增长迅速的同时，居民的收入水平以及消费水平都有稳步上升；城市化率紧随其后，高达 0.93，而贵州省的城市化率与碳排放关联性达到 1.00，可知贵州省的城镇化进程是较为快速的，11 年来，城市化率已经从 2006 年的 27% 转变为 2016 年的 44%，相当于实现翻倍增长，而其他省的城镇化进程也不容小觑，基本上都呈现出翻倍增长的势头，这说明在城镇化进程中，能源消耗引起的碳排放增加是一个不容忽视的问题；同时也说明在 2006—2016 年这 11 年期间，影响各省碳排放的最主要因素为受教育程度和人均可支配收入、第二产业就业人数、人均消费以及城市化率；生态化效应分解作为影响碳排放的关键因素，与现实是有紧密联系的，在碳排放以及碳税机制下，有一些企业会选择技术投入，在不降低碳排放总量的前提下，提高碳的吸收率，进而降低碳污染；人口规模、居民消费多样性、产业结构、能源价格、能源结构都一定程度地影响碳排放量，关联性都在 0.9 以上，以能源结构而言，解锁风能、太阳能、水势能等污染性几乎可忽略不计的新能源，即使在前期需要较大的成本投入，但后期碳排放减少带来的社会认可以及碳排放成本节约收益是更可观的，因此，从能源结构角度出发，改善以煤炭为主的能源结构，寻求绿色能源是社会发展趋势；相对而言，人均 GDP^2 的关联系数是最弱的，只有 0.77，这说明人均 GDP 与碳排放量的数量之间存在拐点，即库兹涅茨曲线的假设并不完全适用于所有省市区，可能随着各地的不同特征而有变化，这一点值得进一步探究；公共投资、固定资产投资、贸易开发度、技术引进相对而言不是影响碳排放量的关键因素，关联系数都集中在 0.85—0.88，灰色关联度已经不是很强，四川省的贸易开发度系数甚至低达 0.54，说明外贸交易相对于国内经济发展状态而言，对碳排放的影响明显较弱，这说明公共投资、固定资产投资、贸易开发度、技术引进与碳排放之间没有直接的高度相关关系，在指引城市低碳减排的过程中应该适当放弃从这些方面着手，抓住关键因素，这对降低碳排放有重要的政策提示作用，说明以总碳排放量为基准，并不是所有因素都要得到提升才能发展，也就是说，低碳可以"点"而不用以"面"撬动。在知晓撬动"点"而不是"面"以达到低碳后，仍要注意撬动的方向与力度，这主要体现在相关性的正负方向和大小上，因为从正确的认知来看，相关程度不仅存在大小之分，也存在正负之分，本书相对灰色关联度只体现了关联大小，并未体现方向，但现实情况中有些因素与碳排放的关联性是负向的，即要实现低碳减排的目的并不能想当然地提升该指标，相反应降低该指标，例如能源强度作为相关指标，要想降低碳排放就应该提高能源强度而不是降低，因为碳排放强度的定义为实现万元 GDP 需要消耗的能源总量，因此为降低能源消耗量，减少由于能源消耗带来的碳排放就自然需要研发投入生产、配送等过程以降低能源强度，而相对于教育背景而言，降低能源强度的力度就可以比提高教育水平的力度小。灰色关联系数具体分布情况如表 2-4、表 2-5、表 2-6 所示。

表 2-4　　25 省市区碳排放影响因素 P 因素比较分析
（2006—2016 年）

省份	人口总数（万）X1	城市化率 X2	年龄结构 X3	教育背景 X4	职业 X5
福建	0.87	0.88	0.83	0.90	0.90
北京	0.98	0.98	0.92	0.99	0.98
安徽	0.83	0.86	0.84	0.90	0.87
江苏	0.91	0.92	0.86	0.93	0.91
江西	0.91	0.93	0.87	0.91	0.92
辽宁	0.94	0.94	0.87	0.96	0.94
山东	0.93	0.94	0.87	0.95	0.94
山西	1.00	1.00	0.99	1.00	1.00
上海	0.98	0.97	0.93	0.96	0.98
天津	0.94	0.93	0.89	0.92	0.93
湖南	0.92	0.94	0.85	0.96	0.92
河南	0.93	0.96	0.86	0.98	0.97
广西	0.82	0.84	0.79	0.86	0.85
甘肃	0.84	0.87	0.85	0.92	0.92
云南	0.92	0.95	0.86	0.98	0.95
贵州	0.98	1.00	0.98	0.97	0.99
宁夏	0.96	0.97	0.96	0.99	0.97
广东	0.94	0.93	0.93	0.95	0.95
四川	0.91	0.96	0.91	0.97	0.97
浙江	0.98	0.98	0.97	0.99	0.99
陕西	0.92	0.94	0.92	0.95	0.93
河北	1.00	1.00	0.99	1.00	1.00
湖北	0.92	0.93	0.87	0.94	0.92
吉林	0.90	0.91	0.84	0.93	0.92
黑龙江	0.91	0.92	0.86	0.94	0.92

表2-5 25省市区碳排放影响因素A因素比较分析（2006—2016年）

省份	人均GDP（元）X6	人均GDP^2 X7	人均可支配收入（元）X8	人均消费（元）X9	居民消费多样性指数 X10	产业结构 X11	固定资产投资（亿元）X12	公共投资（亿元）X13	贸易开发度（亿美元）X14	外商直接投资（亿美元）X15
福建	0.98	0.97	0.75	0.95	0.94	0.87	0.87	0.85	0.93	0.94
北京	0.95	0.88	0.94	0.95	0.99	0.98	0.94	0.89	0.73	0.94
安徽	0.97	0.65	0.95	0.93	0.84	0.83	0.80	0.85	0.94	0.70
江苏	0.96	0.75	0.98	0.98	0.90	0.90	0.90	0.90	0.97	0.96
江西	0.99	0.77	0.98	0.97	0.86	0.91	0.87	0.88	0.84	0.99
辽宁	0.94	0.74	0.95	0.95	0.93	0.94	0.86	0.90	0.97	0.85
山东	0.96	0.78	0.97	0.98	0.93	0.92	0.89	0.88	0.91	0.95
山西	1.00	0.99	1.00	1.00	1.00	1.00	0.99	1.00	1.00	0.99
上海	0.99	0.92	0.96	0.96	0.97	0.95	0.99	0.93	0.97	0.96
天津	0.98	0.86	0.98	0.98	0.93	0.92	0.92	0.89	0.96	0.93
湖南	0.91	0.66	0.96	0.96	0.92	0.93	0.76	0.83	0.89	0.94
河南	0.93	0.71	0.95	0.95	0.93	0.93	0.80	0.84	0.79	0.70
广西	0.78	0.77	0.92	0.91	0.83	0.83	0.81	0.97	0.85	0.89
甘肃	0.85	0.86	0.92	0.62	0.95	0.95	0.84	0.82	0.67	0.74
云南	0.93	0.71	0.97	0.97	0.93	0.92	0.83	0.83	0.88	0.73
贵州	0.91	0.69	0.96	0.97	0.98	0.97	0.84	0.87	0.89	0.86
宁夏	0.89	0.65	0.94	0.96	0.95	0.95	0.81	0.81	0.96	0.83
广东	0.84	0.62	0.92	0.79	0.92	0.90	0.74	0.69	0.87	0.91
四川	0.91	0.86	0.87	0.92	0.90	0.67	0.66	0.66	0.54	0.87
浙江	0.93	0.78	0.94	0.95	0.97	0.96	0.89	0.94	0.82	0.97
陕西	0.89	0.62	0.95	0.98	0.92	0.92	0.75	0.81	0.86	0.86
河北	1.00	0.99	1.00	1.00	0.88	1.00	0.99	0.99	1.00	1.00
湖北	0.92	0.66	0.96	0.96	0.92	0.92	0.81	0.88	0.91	0.93
吉林	0.94	0.69	0.96	0.96	0.90	0.92	0.86	0.88	0.94	0.96
黑龙江	0.98	0.81	0.97	0.97	0.91	0.89	0.85	0.89	0.93	0.95

表2-6　　25省市区碳排放影响因素 T 因素比较分析
(2006—2016年)

省份	能源价格 X16	能源消费弹性系数 X17	能源强度 X18	能源结构 X19	研发费用支出（万元）X20	技术改造 X21	技术引进 X22	生态化效应分解 X23
福建	0.95	0.87	0.85	0.85	0.86	0.94	0.94	0.92
北京	0.99	0.96	0.97	0.97	0.93	0.98	0.94	0.96
安徽	0.83	0.81	0.81	0.84	0.93	0.83	0.83	0.84
江苏	0.90	0.89	0.88	0.90	0.95	0.96	0.87	0.96
江西	0.90	0.90	0.89	0.91	0.97	0.91	0.88	0.91
辽宁	0.93	0.89	0.90	0.93	0.97	0.92	0.90	0.94
山东	0.92	0.90	0.90	0.93	0.92	0.97	0.92	0.95
山西	1.00	1.00	0.94	1.00	1.00	1.00	1.00	1.00
上海	0.95	0.94	0.95	0.89	0.97	0.97	0.97	0.97
天津	0.92	0.91	0.91	0.91	0.96	0.91	0.89	0.93
湖南	0.91	0.88	0.87	0.90	0.83	0.88	0.90	0.93
河南	0.92	0.88	0.89	0.92	0.93	0.93	0.87	0.95
广西	0.82	0.80	0.88	0.82	0.93	0.89	0.77	0.84
甘肃	0.94	0.75	0.82	0.78	0.79	0.85	0.89	0.92
云南	0.92	0.88	0.89	0.91	0.93	0.92	0.87	0.94
贵州	0.98	0.96	0.98	0.97	0.98	0.99	0.92	0.99
宁夏	0.95	0.93	0.91	0.95	0.97	0.87	0.82	0.96
广东	0.90	0.84	0.84	0.88	0.71	0.94	0.74	0.93
四川	0.88	0.84	0.84	0.88	0.91	0.89	0.85	0.92
浙江	0.96	0.93	0.93	0.96	0.94	0.95	0.94	0.97
陕西	0.91	0.91	0.88	0.88	0.92	0.94	0.91	0.91
河北	1.00	0.99	0.99	1.00	1.00	1.00	0.99	1.00
湖北	0.91	0.86	0.89	0.91	0.89	0.88	0.79	0.94
吉林	0.90	0.81	0.95	0.90	0.92	0.88	0.87	0.91
黑龙江	0.91	0.88	0.89	0.92	0.98	0.91	0.90	0.92

2.5.4 各省会城市碳排放 P、A、T 因素比较分析

针对全国 25 个省市区的数据结果分析，同时为了较好融入环境变化的驱动因素分析框架，或宏观简洁地描述碳排放影响因素，本书采用将微观层面的碳排放影响因素组合成 P、A、T 三大类的方式，分别针对人口因素、经济因素、技术因素每一类进行对比分析。为了区分关联系数的大小关系，本书将关联系数在 0.9 以上的影响因素标记为 ***，关联系数在 0.75—0.9 的影响因素标记为 **，关联系数在 0.75 以下的影响因素标记为 *，如表 2-7、表 2-8、表 2-9 所示。

表 2-7　　25 省市区碳排放影响因素 P 因素比较分析
（2006—2016 年）

省份	人口总数（万）X1		城市化率 X2		年龄结构 X3		教育背景 X4		职业 X5	
福建	0.87	**	0.88	**	0.83	**	0.90	***	0.90	***
北京	0.98	***	0.98	***	0.92	***	0.99	***	0.98	***
安徽	0.83	**	0.86	**	0.84	**	0.90	***	0.87	**
江苏	0.91	***	0.92	***	0.86	**	0.93	***	0.91	***
江西	0.91	***	0.93	***	0.87	**	0.91	***	0.92	***
辽宁	0.94	***	0.94	***	0.87	**	0.96	***	0.94	***
山东	0.93	***	0.94	***	0.87	**	0.95	***	0.94	***
山西	1.00	***	1.00	***	0.99	***	1.00	***	1.00	***
上海	0.98	***	0.97	***	0.93	***	0.96	***	0.98	***
天津	0.94	***	0.93	***	0.89	**	0.92	***	0.93	***
湖南	0.92	***	0.94	***	0.85	**	0.96	***	0.92	***
河南	0.93	***	0.96	***	0.86	**	0.98	***	0.97	***
广西	0.82	**	0.84	**	0.79	**	0.86	**	0.85	**
甘肃	0.84	**	0.87	**	0.85	**	0.92	***	0.92	***
云南	0.92	***	0.95	***	0.86	**	0.98	***	0.95	***
贵州	0.98	***	1.00	***	0.98	***	0.97	***	0.99	***

续表

省份	人口总数（万）X1		城市化率 X2		年龄结构 X3		教育背景 X4		职业 X5	
宁夏	0.96	***	0.97	***	0.96	***	0.99	***	0.97	***
广东	0.94	***	0.93	***	0.93	***	0.95	***	0.95	***
四川	0.91	***	0.96	***	0.91	***	0.97	***	0.97	***
浙江	0.98	***	0.98	***	0.97	***	0.99	***	0.99	***
陕西	0.92	***	0.94	***	0.92	***	0.95	***	0.93	***
河北	1.00	***	1.00	***	0.99	***	1.00	***	1.00	***
湖北	0.92	***	0.93	***	0.87	**	0.94	***	0.92	***
吉林	0.90	***	0.91	***	0.84	**	0.93	***	0.92	***
黑龙江	0.91	***	0.92	***	0.86	**	0.94	***	0.92	***

由表 2-7 可以看出，整体而言，各个省市区的 P 因素都是影响碳排放量的关键指标，关联系数最小的是广西壮族自治区的年龄结构，但也达到了 0.79，绝大多数的关联系数都集中在 0.9 以上，河北省、山西省的关联系数最强，最低的关联系数也高达 0.99，其他的关联系数都几乎达到 1.00，呈现高度相关关系，同时宁夏回族自治区、贵州省、浙江省的关联系数都在 0.96 以上，重点关注到贵州省城市化率的碳排放关联系数达到了 1.00；广东省、四川省、陕西省、北京市、上海市各因素的碳排放关联系数也都达到了 0.9 以上，这五省（市）都属于人口大省（市），人口规模的扩大，自然而然会导致碳排放量的增加，重点关注到北京市和上海市在除去年龄结构之后的关联系数都在 0.97 以上，这说明年龄结构相对而言对碳排放量的影响程度不高，无论哪个年龄阶段，都会直接或者间接地消耗能源，制造碳污染，但有一点值得注意，受教育程度会影响碳排放量，合理的解释应该是接受的教育程度越高，节能减排的意识越强烈，接受低碳出行、绿色生活的意愿越强烈，这对降低碳排放有直接的效果。另外，在追求城市化的过程中也要注意低碳减排，因为从人口角度看城市化率是影响碳排放的重要因素，这可能与城镇化进程中现代交通工具的普及有一定的关系，越来越多的私家车虽然在一定程度上代表着城镇化的进程，但汽车尾气是碳污染的重要来源，因此限号政策、共享单车、电动汽车、混合能源汽车可谓是节能减排的良好方式。

表 2-8　25 省市区碳排放影响因素 A 因素比较分析（2006—2016 年）

省份	人均GDP（元）X6		人均GDP²X7		人均可支配收入（元）X8		人均消费（元）X9		居民消费多样性指数 X10		产业结构 X11		固定资产投资（亿元）X12		公共投资（亿元）X13		贸易开放度（亿美元）X14		外商直接投资（亿美元）X15	
福建	0.98	***	0.97	***	0.75	**	0.95	***	0.94	***	0.87	**	0.87	**	0.85	**	0.93	***	0.94	***
北京	0.95	***	0.88	**	0.94	***	0.95	***	0.99	***	0.98	***	0.94	***	0.89	***	0.73	*	0.94	***
安徽	0.97	***	0.65	*	0.95	***	0.93	***	0.84	**	0.83	***	0.80	***	0.85	***	0.94	***	0.70	*
江苏	0.96	***	0.75	**	0.98	***	0.98	***	0.90	***	0.90	***	0.90	***	0.90	***	0.97	***	0.96	***
江西	0.99	***	0.77	**	0.98	***	0.97	***	0.86	**	0.91	***	0.87	***	0.88	***	0.84	**	0.99	***
辽宁	0.94	***	0.74	*	0.95	***	0.95	***	0.93	***	0.94	***	0.86	***	0.90	***	0.97	***	0.85	**
山东	0.96	***	0.78	**	0.97	***	0.98	***	0.93	***	0.92	***	0.89	***	0.88	***	0.91	***	0.95	***
山西	1.00	***	0.99	***	1.00	***	1.00	***	1.00	***	1.00	***	0.99	***	1.00	***	1.00	***	0.99	***
上海	0.99	***	0.92	***	0.96	***	0.96	***	0.97	***	0.95	***	0.99	***	0.93	***	0.97	***	0.96	***
天津	0.98	***	0.86	**	0.98	***	0.98	***	0.93	***	0.92	***	0.92	***	0.89	***	0.96	***	0.93	***
湖南	0.91	***	0.66	*	0.96	***	0.96	***	0.92	***	0.93	***	0.76	***	0.83	***	0.89	***	0.94	***
河南	0.93	***	0.71	*	0.95	***	0.95	***	0.93	***	0.93	***	0.80	***	0.84	***	0.79	***	0.70	*
广西	0.78	**	0.77	**	0.92	***	0.91	***	0.83	**	0.83	**	0.81	***	0.97	***	0.85	***	0.89	**
甘肃	0.85	**	0.86	**	0.92	***	0.62	*	0.95	***	0.95	***	0.84	***	0.82	***	0.67	*	0.74	*
云南	0.93	***	0.71	*	0.97	***	0.97	***	0.93	***	0.92	***	0.83	***	0.83	***	0.88	**	0.73	*
贵州	0.91	***	0.69	*	0.96	***	0.96	***	0.98	***	0.97	***	0.84	***	0.87	***	0.89	***	0.86	**
宁夏	0.89	**	0.65	*	0.94	***	0.96	***	0.95	***	0.95	***	0.81	***	0.81	***	0.96	***	0.83	**
广东	0.84	**	0.62	*	0.92	***	0.79	**	0.92	***	0.90	***	0.74	***	0.69	*	0.87	***	0.91	***
四川	0.91	***	0.86	**	0.87	***	0.92	***	0.90	***	0.67	**	0.66	***	0.66	*	0.54	*	0.87	**
浙江	0.93	***	0.78	**	0.94	***	0.95	***	0.97	***	0.96	***	0.89	***	0.94	***	0.82	**	0.97	***
陕西	0.89	***	0.62	*	0.95	***	0.98	***	0.92	***	0.92	***	0.75	*	0.81	***	0.86	***	0.86	**
河北	1.00	***	0.99	***	1.00	***	1.00	***	0.88	**	1.00	***	0.99	***	0.99	***	1.00	***	1.00	***
湖北	0.92	***	0.66	**	0.96	***	0.96	***	0.92	***	0.92	***	0.81	***	0.88	***	0.91	***	0.93	***
吉林	0.94	***	0.69	*	0.96	***	0.96	***	0.90	***	0.92	***	0.86	**	0.88	**	0.94	***	0.96	***
黑龙江	0.98	***	0.81	**	0.97	***	0.97	***	0.91	***	0.89	*	0.85	***	0.89	***	0.93	***	0.95	***

由表 2-8 可以看出，经济因素相对于人口因素而言，与碳排放的关联程度是更低的，特别是人均 GDP^2 因素下，包括安徽省、广东省、陕西省在内的 11 个省的关联系数都在 0.75 以下，但也有关系非常显著的省份，例如福建省和河北省，关联系数都高达 0.98 以上，这再次说明，不同的省市区，碳排放影响因素是存在差异的，在制定低碳减排策略时，不能生搬硬套，应结合各个地方的现实情况，对症下药。相对而言，人均可支配收入对碳排放影响程度更为广泛，在各个地方都有一定程度的体现，从侧面反映的就是，无论哪个地方生活水平的提升就意味着更多的能源消耗，这与现实也是相符的。甘肃省的人均消费碳排放关联系数只有 0.62，四川省的产业结构碳排放关联系数也只有 0.67，广东省和四川省的固定资产投资和公共投资碳排放关联系数也是在 0.75 以下，四川省的贸易开放度系数最低，只有 0.54，外商直接投资对碳排放的影响程度是有限的，安徽省、河南省、云南省、甘肃省都表现不显著。总结而言，每个省市区的碳排放因素是有所不同的，结合各地的经济发展实际情况，对症下药以达到减排效果。

由表 2-9 可以看出，技术因素是影响碳排放的关键因素，相比经济因素，影响力更为重大，绝大多数的关联系数达到了 0.85 以上，最低的关联系数也有 0.7 以上。能源价格是影响碳排放的重要因素，而且影响范围十分广泛，各地都达到了 0.9 以上，这与能源稀缺、定价逐年递增是有分不开的联系的；重点关注到河北省的技术因素都达到 0.99 以上，技术引进以及改造等都高度相关，这反映出了技术创新不仅会带来生产成本的降低，同时也会带来能源消耗的减少，收益效果是相当明显的。总结而言，技术投入对碳排放的影响在短期内可能看不到经济收益，但从长远来看，低碳技术的投入是收益可观，影响深远的。

对于低碳减排可以从人口、经济、技术三方面入手，即考虑碳排放与三者之间的依赖关系。根据实证结果总结而言，优先精进人口因素，控制城镇化进程，培养公民节能意识，针对性地制定限制高能耗政策，规划经济发展的速度和力度，同时优化现有能源结构，提升能源利用效率，提倡科学生产，发挥技术优势。

表 2-9　25 省市区碳排放影响因素 T 因素比较分析 (2006—2016 年)

	能源价格 X16		能源消费弹性系数 X17		能源强度 X18		能源结构 X19		研发费用支出(万元) X20		技术改造 X21		技术引进 X22		生态化效应分解 X23	
福建	0.95	***	0.87	**	0.85	**	0.85	**	0.86		0.94	***	0.94	**	0.92	***
北京	0.99	***	0.96	***	0.97	***	0.97	***	0.93	***	0.98	***	0.94	***	0.96	***
安徽	0.83	**	0.81	***	0.81	***	0.84	**	0.93	***	0.83	***	0.83	**	0.84	**
江苏	0.90	***	0.89	***	0.88	**	0.90	**	0.95	***	0.96	**	0.87	**	0.96	***
江西	0.90	***	0.90	***	0.89	**	0.91	***	0.97	***	0.91	***	0.88	**	0.91	***
辽宁	0.93	***	0.89	***	0.90	***	0.93	***	0.97	***	0.92	***	0.90	***	0.94	***
山东	0.92	***	0.90	***	0.90	**	0.93	***	0.92	***	0.97	***	0.92	***	0.95	***
山西	1.00	***	1.00	***	0.94	***	1.00	***	1.00	***	1.00	***	1.00	***	1.00	***
上海	0.95	***	0.94	***	0.95	**	0.89	**	0.97	***	0.97	***	0.97	***	0.90	***
天津	0.92	***	0.91	***	0.91	***	0.91	***	0.96	**	0.91	***	0.89	**	0.93	***
湖南	0.91	***	0.88	***	0.87	***	0.90	***	0.83	**	0.88	***	0.90	***	0.93	***
河南	0.92	***	0.88	***	0.89	**	0.92	***	0.93	***	0.93	***	0.87	**	0.95	***
广西	0.82	**	0.80	**	0.88	**	0.82	**	0.93	**	0.89	**	0.77	*	0.84	**
甘肃	0.94	***	0.75	**	0.82	**	0.78	**	0.79	**	0.85	**	0.89	**	0.92	***
云南	0.92	***	0.88	***	0.89	**	0.91	***	0.93	***	0.92	***	0.87	**	0.94	***
贵州	0.98	***	0.96	**	0.98	***	0.97	***	0.98	***	0.99	***	0.92	***	0.99	***
宁夏	0.95	***	0.93	***	0.91	**	0.95	***	0.97	***	0.87	**	0.82	**	0.96	***
广东	0.90	***	0.84	***	0.84	**	0.88	**	0.71	*	0.94	***	0.74	*	0.93	***
四川	0.88	**	0.84	**	0.84	**	0.88	***	0.91	**	0.89	**	0.85	**	0.94	**
浙江	0.96	***	0.93	***	0.93	***	0.96	***	0.94	***	0.95	***	0.94	***	0.97	***
陕西	0.91	***	0.91	**	0.88	***	0.88	**	0.92	***	0.94	***	0.91	***	0.91	***
河北	1.00	***	0.99	***	0.99	***	1.00	***	1.00	***	1.00	***	0.99	***	1.00	***
湖北	0.91	***	0.86	**	0.89	**	0.91	***	0.89	**	0.88	**	0.79	**	0.94	***
吉林	0.90	***	0.81	***	0.95	**	0.90	***	0.92	***	0.88	**	0.87	***	0.91	***
黑龙江	0.91	***	0.88	**	0.89	***	0.92	***	0.98	***	0.91	***	0.90	***	0.92	***

第 3 章　城镇化进程中的农业现代化因素

3.1　引　言

　　一般而言，农业现代化是指由传统式农业转变为现代化农业，把农业事业发展建立在现代化科学发展的基础上，用现代科学技术和现代先进工业来武装农业，用现代人文经济科学来合理管理农业，正确创造一个优质高产的农业运营体系，打造一个合理配置资源、保护生态环境的运营体系，同时建造一个拥有极高转化效率的农业生态系统。发展现代化农业是一项覆盖面非常广泛，技术要求非常综合，经济发展要求非常雄厚的事业，这不仅是世界性概念，也是综合性概念，需要极大的人力、物力、财力成本投入，而一旦实现，其带来的发达农业、富饶农村景象将是震撼的。

　　国外学者对于农业现代化与城镇化的关系持有不同观点，有学者认为两者是一致的、相互促进的。"城市农业"的构想，其实质是以城乡经济协调为基础，建立市场化、集约化、产业化、高效益为一体的区域性现代农业，以此来为城市服务；再如 Li 等（2014）基于产业化的相关实证分析提出可以通过工业反哺农业从而促进城镇化，最终提高农业现代化的水平，即肯定了两者存在正向关系。但也有学者提出了相反的观点，其认为农业现代化与城镇化存在相互背离、相互抑制的关系，Lipton（1977）指出在"城市偏向"的作用机制下，社会资源在城乡间的配置差距会加剧，而这对农业发展是很不利的。该研究成果正是对我国目前"城乡二元结构"突出的真实写照，在推进城镇化的过程中一定要兼顾农村、农业、农民，唯有这样经济建设才能稳健长远。而 Fischer（2012）的研究成果又与上述两者观点存在差别，其探究了人口增长和城镇化对我国农业发展过程中存在众多风险的影响，他指出城镇化的发展提升了中国的农业生产力，但与此同时也为农业过度生产埋下了隐患，造成了一定程度的农业风险。这一研究成果说明城镇化对农业现代化的促进作用在一定条件下可能会转变为抑制作用（崔雯，2015）。在工业化条件下实现城市和农村结合的发展道路，并从城市规划的角度强调城市和农村协调发展的重要性。在协调发展基础上，还要加快农业结构调整，促进产业结构、规模升级，规模化高效发展养殖捕捞业，与此同时改良农业种植品种，形成丰富多样的农业种植局面，最终目的是为了契合市场需求，无论是在产品类型还是产品数量上，在此过程中根据现代农业生产结构和地域布局，合理配置资源，在农产品和农业服务的供给质量和效率上争取最大程度的改进。

3.2　湖北湖南两省城镇化与农业现代化

湖北，中华人民共和国省级行政区。省会属武汉，在地理上位于中国中部地区，东边邻近安徽，西边与重庆相连，西北边又与陕西接壤，南接江西、湖南，北边毗邻河南，总面积为 18.59 万平方公里，占全中国国土总面积的 1.94%。湖北省常住人口截至 2018 年末达到 5917 万人，实现地区生产总值（GDP）39366.55 亿元，其中，第一产业完成增加值 3547.51 亿元，第二产业完成增加值 17088.95 亿元，第三产业完成增加值 18730.09 亿元。

湖南，中华人民共和国省级行政区，地处中国中南部、长江中游南部，宋代划定为荆湖南路而开始简称湖南。湖南土地面积 21.18 万平方公里，占全中国国土总面积的 2.2%，在各省市区面积中排名第 10 位。2016 年，湖南省地区生产总值 31244.7 亿元，比 2015 年增长 7.9%。截至 2016 年末，湖南省常住人口 6822.0 万人。其中，城镇人口 3598.6 万人，城市化率 52.75%，比上年末提高 1.86 个百分点。

3.2.1　两省城镇化发展现状分析

1. 城镇化水平稳步提升，但城镇化水平相对滞后

"十二五"时期以来，湖南省的城镇化发展历程已经进入了快速发展阶段，

在 2010—2014 年的五年中，湖南省城市化率由 43.3%提高至 49.28%，年均增速达到 1.495 个百分点，与之相对应的，城镇人口规模也在扩增，全省城镇人口由 2010 年的 2845 万人增加到 2014 年的 3320 万人，年均增长 118.75 万人（湖南智库网，2015）。在我国政府持续不断提出的新型城镇化发展战略的引领下，湖北省新型城镇化建设也得到了健康和谐高效有序的推进，在我国全面发展城镇化事业的众多省市中占据核心地位。2012 年湖北全省城市化水平高达 53.5%，所管辖的 12 个地级市建成区占地总面积达到了 1311 平方公里（2012 年底）。

湖北省的城市化率增长相对而言较快，但从城镇化质量而言，很多辖区的城镇化质量并未得到显著改善，处于伪城镇化状态。这并不难理解，现有的城市现代化考核制度简单地将城镇化水平当作一个城市现代化的考核指标，因此有一些地区短期内为了追求城镇化速度快速增长，大规模地调整行政区划和城市基础设施建设，使很大的乡村区域都摇身一变成为"城镇"，然而现实并非如此，农民的生活质量并没有得到实质性的提高。新型城镇化进程中，"土地城镇化"快于"人口城镇化"是普遍存在的现象，因此，仅从当前城镇化水平的数值增长考察城镇的现代化水平是有失真实性的，相反应该抓住城镇化产业结构转型、就业结构优化、资源环境友好的本质，建立更加全面科学的指标体系研究新型城镇化进程。

2. 城镇体系日趋完善，但地区间城镇化水平差距明显

至 2013 年底，在行政区划上湖南省共有 13 个地级市、16 个县级市、71 个县、1138 个镇和 828 个乡；其中长株潭城市群建设进入国家长江中游城市群发展战略，2013 年长株潭城市群以全省 13.3%的国土面积，聚集了全省约 30%的城镇人口，创造了约 43%的 GDP，在带动全省、辐射中西部中发挥了重要作用；全省初步形成了集城市群、中城市、小城镇为一体的协调发展格局。但从地区间水平差距看，区域和城市间的城镇化水平发展呈现不均衡状态（湖南智库网，2015）。

同样的，湖北省城镇之间城镇化水平差异明显。由于经济发展水平不一，12 个市州间的城镇化水平自然而然出现了较大差异，一句话就是：武汉市"一城独大"的格局是湖北省城镇体系的特征，出现该格局有可能与湖北省历来东部城镇布局密度相较西部城镇大，并且大中小城市布局设计缺乏梯次理念，最终在一定程度上制约了城市的协调稳健发展。

3. 城镇综合承载能力显著增强，但部分城市不大不强

从城镇规模来看，2010—2013年，湖南全省29个设市城市城区面积从4121.9平方公里扩展至4312.2平方公里，城区面积在全国的排位从第17位上升至第16位，城市人口密度从2992人/平方公里增加至3317人/平方公里；2013年，全省县城人口密度为3789人/平方公里，居全国第3位、中部第2位；建制镇人口密度为4950人/平方公里，居全国第13位、中部第3位；城镇人口集聚能力明显增强。从城镇设施水平来看，城镇各项基础设施水平明显提升，城镇功能进一步提升和完善，综合承载能力显著增强。然而，作为湖南省最大的城市，2014年长沙市中心城区常住人口为375.76万人，离500万以上人口的特大城市标准仍有较大差距，而2010年武汉中心城区人口已经超过600万人；从长沙市的经济首位度（第一大城市经济指标占全省的比重）贡献来看，尽管长沙市2014年以占全省1/18的土地面积和1/10的人口，创造出全省28.9%的经济总量，但全市GDP首位度仅比2010年提高0.3个百分点，经济首位度提升缓慢，与同属中部地区的武汉市相比仍有较大差距。2014年，长沙市GDP首位度比武汉市低7.4个百分点，其中进出口总额首位度比武汉市低20.9个百分点，公共财政预算收入首位度比武汉市低14.9个百分点。至2013年底，全省市区常住人口在100万人以上的大城市有3个，仅占13个地级市的23.1%；8个中等城市中，有6个城市中心城区人口在70万人以下，全省中等城市市区常住人口平均仅64万人，与100万人的大城市标准相差较远（湖南智库网，2015）。

相比之下，湖北省全省12个地级市以0.71%的国土面积，承载了26.3%的人口和54.8%以上的国内生产总值（按辖区口径）。城镇体系日趋合理，初步形成了大中小城市协调发展，并与产业布局相协调的城镇格局。

4. 城乡统筹稳步推进，但城镇设施建设水平不高，且出现了"城市问题"

由于两省都存在一定程度的为追求速度而忽视质量的城镇化建设手段，导致新型城镇化发展也都出现了问题。首先，城镇人口总数在逐年增长的过程中出现明显的"半城镇化"现象。离乡去城市就业生活的农民在社保、子女教育、医疗、住房等方面并不能享受公平待遇。其次，城镇激增的人口加大了城镇在满足人们出行、住房、医保、教育等生活需求方面的压力，供给不足等问题表现突出。最后，城镇化的管理监督机制相对而言处于非常滞后的状态。城镇管理在今后很长一段时间内都不能跟上城镇人口迅速增长的步伐，其中突出的问题是，缺乏对外来人口的管理，社保制度建设不健全等，这些不仅会抑制城镇化高效发展，同时随着工业化的推进，两省城镇环境呈持续下降趋势，环境问题已十分严重，主要是水、空气、噪声以及固体废物的污染。而相对于现阶段的经济发展水平而言，区域与城镇环境设施建设相对滞后。

3.2.2 两省农业现代化发展现状分析

1. 农业现代化发展进入新阶段，但面临要素成本上升和竞争力下降的双重挤压

近年来两省加快转变农业发展方式，改造提升传统农业，进而提高了农业综合生产能力并优化了农业生产结构，使得城乡居民收入差距进一步缩小，进入了传统农业大省向现代农业强省转变的发展阶段。农业产业化水平进一步提高的同时，随着全省新型工业化、新型城镇化进程不断加快，以工促农、以城带乡的能力更强。

然而在当前，农业生产经营已进入高投入、高成本阶段。"十三五"时期，两省劳动力和资源性产品等要素成本将继续刚性上涨，农资价格、人工价格居高不下也将推高农产品生产成本，预计农业生产成本会逐年增加。同时，随着中国农业与世界农业的关联性加强，国际农产品供求变化、能源价格波动、投机资本炒作等都能带来国内农产品价格剧烈波动。

2. 政策体系日臻完善，但经营水平不高制约农业现代化进程

一直以来，国家和洞庭湖南北两省都把解决好"三农"问题作为工作重点，坚持强化惠农强农富农政策，全面深化农村各项改革，中央一号文件连续12年聚焦"三农"问题，特别是2015年颁布的中央一号文件，重点强调以"加大改革创新力度、加快农业现代化建设"为主题，在延续2014年全面深化农村改革、推进农业现代化建设的指导思路的基础上，进一步指明了新常态背景下，如何推进中国特色新型农业现代化的前进方向和基本逻辑。两省也重点从完善农村基本经营制度、培育新型农业经营主体、加大农业支持保护力度、创新农村"三资"管理等方面，全面深化农村改革，未来农业现代化发展的环境不断优化、空间不断拓展、活力不断增强（刘远昇，2018）。

未来五年，两省农业生产经营的小规模与现代农业化的大市场矛盾可能更加突出。目前，两省农业经营的规模化、专业化、集约化、社会化水平较低，

土地适度规模经营仍处于初级阶段，农业生产兼业化程度较高，难以形成农业生产区域化、专业化，农业社会化服务组织发展相对滞后，抵御市场风险能力不足，不利于劳动生产率和土地利用率、产出率的进一步提高，制约了农业现代化推进和农民增收（杨灿和朱玉林，2016）。

3. 涉农科学技术不断进步

农业现代化的过程就是科技进步并发挥强大支撑引领作用的过程。"十三五"时期，随着生物基因工程、遥感测绘、生态环保、电子信息等涉农科技不断进步，信息化和农业现代化融合不断加快，物联网、云计算、大数据等现代技术将更广泛应用于农业。同时，大力推进科技兴农工程，加快科教兴村、农业科技进村入户等项目建设，促进产学研、农科教紧密结合，科技创新驱动农业现代化发展的能力不断增强。

4. 新型农业经营体系建设不断加快

近年来，土地二轮延包、土地承包经营权试点登记、土地流转等政策的大力实施，农村土地流转体系逐步完善建设，土地入股、信托流转、土地合作等流转模式经验普及推广；"百企千社万户"现代农业发展工程加快实施。专业大户、家庭农场、农民专业合作社、农业企业等新型农业经营主体不断发展壮大，并逐步成为推动长江中下游农业转型发展的主力军，两省农业经营体系的集约化、专业化、组织化、社会化水平进一步提高，适度规模经营不断发展。

3.2.3 两省农业现代化与城镇化关系的分析

农业现代化与城镇化之间的作用机制是相互的，农业现代化对城镇化的作用机制体现在：提供劳动力、农产品供给、土地供给以及提高农民收入等方面；而城镇化对农业现代化的作用机制体现在：提供技术支持、提高农民素质、提供财政支持以及土地供给等方面。

具体的衡量指标如下：农业现代化为城镇化提供的劳动力，以 X_1——第二、三产业从业人员比重衡量。提供农产品供给，以 X_2——粮食产量衡量。土地供给，以 X_3——年内减少耕地面积衡量。提高农民收入，以 X_4——农村居民人均可支配收入和 X_5——农村居民人均消费支出衡量。提高农民生活水平，以 X_6——村卫生机构数衡量。

本书数据均来源于2010—2016年《湖南统计年鉴》与《湖北省统计年鉴》。

3.3 两省农业现代化与城镇化关系的灰色关联分析

3.3.1 传统灰色关联分析法建模

传统灰色关联模型具有简单易行的特点，是利用"灰色关联度"系数衡量因素之间发展趋势的相似和相异程度的一种系统分析方法。其基本思想是根据统计数列的几何关系来判断系统中各因素间的关联程度，或者通过曲线的相似程度来判断，例如曲线越接近，相关因素间的关联度就越大，反之就越小。传统灰色关联分析方法的测算步骤如下：

1. 确定参考数列和比较数列

参考数列记作 X_0，$X_0 = (X_0(1), X_0(2), \cdots, X_0(n))$

比较数列记作 X_m，$X_m = (X_m(1), X_m(2), \cdots, X_m(n))$

2. 对原始数据进行无量纲化处理

由于各因素的量纲（或单位）不相同，这样的数据难以直接进行比较，且几何曲线比例不同，因此需要对原数据消除量纲，进行归一化。

3. 传统灰色关联系数

$$\gamma(x_0(k), x_i(k)) = \frac{\min_i \min_k |x_0(k) - x_i(k)| + \xi \max_i \max_k |x_0(k) - x_i(k)|}{|x_0(k) - x_i(k)| + \xi \max_i \max_k |x_0(k) - x_i(k)|}$$

其中，$k = 1, 2, \cdots, n$；$i = 1, 2, \cdots, m$；ξ 称为分辨系数，$\xi \in (0, 1)$，一般令 $\xi = 0.5$。

4. 求关联度并进行排序

$$\gamma(X_0, X_i) = \frac{1}{n} \sum_{k=1}^{n} \gamma[x_0(k), x_i(k)]$$

3.3.2 两省传统灰色关联度计算

1. 湖南省灰色关联度计算

确定母序列 X_0 是参考序列，即城市化率。子序列分别是：X_1——第二、三产业从业人员比重、X_2——粮食产量、X_3——年内减少耕地面积、X_4——农村居民人均可支配收入、X_5——农村居民人均消费支出、X_6——村卫生机构数。时间跨度为 2010—2016 年，历时 7 年。湖南省原始数据如表 3-1 所示。

表 3-1 原始数据（湖南省）

年份 序列	2010	2011	2012	2013	2014	2015	2016
X_0（%）	43.30	45.10	46.65	47.96	49.28	50.89	52.75
X_1（%）	57.60	58.10	58.50	59.00	59.20	59.30	59.50
X_2（万吨）	2847.49	2939.35	3006.5	2925.74	3001.26	3002.93	2953.2
X_3（万公顷）	0.97	0.91	0.72	0.99	0.55	0.37	0.85
X_4（元）	5622	6567	7440	8372	10060	10993	11930
X_5（元）	4310	5179	5870	6610	9025	9691	10630
X_6（个）	45182	45415	44373	44929	44699	44822	44339

数据去量纲化。由于各因素的量纲（或单位）不相同，这样的数据难以直接进行比较，且几何曲线比例不同，因此需要对原数据消除量纲，转换为可以进行比较的数据序列。一般情况下，对于较稳定的经济系统数列多采用初值变换，即分别用每一序列的各个原始数据除以第一个数据得到新的数列，量纲为 1，各值均大于零。湖南省经过无量纲化处理的标准数据如表 3-2 所示。

表 3-2 经过无量纲化处理的标准数据（湖南省）

年份 序列	2010	2011	2012	2013	2014	2015	2016
X_0（%）	1.00	1.04	1.08	1.11	1.14	1.18	1.22
X_1（%）	1.00	1.01	1.02	1.02	1.03	1.03	1.03
X_2（万吨）	1.00	1.03	1.06	1.03	1.05	1.05	1.04
X_3（万公顷）	1.00	0.94	0.74	1.02	0.57	0.38	0.88
X_4（元）	1.00	1.17	1.32	1.49	1.79	1.96	2.12
X_5（元）	1.00	1.20	1.36	1.53	2.09	2.25	2.47
X_6（个）	1.00	1.01	0.98	0.99	0.99	0.99	0.98

计算关联系数。湖南省关联系数表如表 3-3 所示。

表 3-3　　　　　　　　关联系数表（湖南省）

年份 关联系数	2010	2011	2012	2013	2014	2015	2016
$\xi_1(k)$	1	0.950007	0.910094	0.882375	0.84996	0.810872	0.771359
$\xi_2(k)$	1	0.985322	0.966707	0.886348	0.881394	0.838138	0.775318
$\xi_3(k)$	1	0.858014	0.650974	0.877806	0.522533	0.440499	0.646358
$\xi_4(k)$	1	0.831649	0.717562	0.620946	0.4897	0.444819	0.408824
$\xi_6(k)$	1	0.796124	0.687129	0.59466	0.395354	0.368036	0.333669
$\xi_7(k)$	1	0.944946	0.867727	0.84663	0.807706	0.773269	0.72514

计算关联度。

$$\gamma(X_0, X_1) = \frac{1}{n}\sum_{k=1}^{n}\gamma(x_0(k), x_i(k)) = 0.882095$$

同理，$\gamma(X_0, X_2) = 0.904747$

$\gamma(X_0, X_3) = 0.713741$

$\gamma(X_0, X_4) = 0.644786$

$\gamma(X_0, X_5) = 0.596425$

$\gamma(X_0, X_6) = 0.852203$

关联度排序：$\gamma(X_0, X_2) > \gamma(X_0, X_1) > \gamma(X_0, X_6) > \gamma(X_0, X_3) > \gamma(X_0, X_4) > \gamma(X_0, X_5)$

按照关联度依次减小的顺序排列为：粮食产量供给、劳动力供给、生活水平提高、土地要素供给、农村居民收入、农村居民支出。

2. 湖北省灰色关联度计算

确定母序列和子序列。湖北省原始数据如表 3-4 所示。

表 3-4　　　　　　　　原始数据（湖北省）

年份 序列	2010	2011	2012	2013	2014	2015	2016
X_0（%）	49.73	51.83	53.50	54.51	55.67	56.85	58.10
X_1（%）	53.60	54.30	55.55	57.15	59.67	61.62	63.17
X_2（万吨）	2315.8	2388.53	2441.81	2501.3	2584.16	2703.28	2554.11
X_3（万公顷）	1.49	1.409	1.482	1.633	1.269	1.376	2.457
X_4（元）	5832.27	6897.92	7851.71	8866.95	10849.06	11843.89	12724.97
X_5（元）	4090.78	5010.74	5726.73	6279.52	8680.93	9803.15	10983.3
X_6（个）	24057	24567	25012	25452	25448	24795	24788

数据的无量纲化。湖北省经过无量纲化处理的标准数据如表 3-5 所示。

表 3-5 经过无量纲化处理的标准数据（湖北省）

年份 序列	2010	2011	2012	2013	2014	2015	2016
X_0（%）	1.00	1.04	1.08	1.10	1.12	1.14	1.17
X_1（%）	1.00	1.01	1.04	1.07	1.11	1.15	1.18
X_2（万吨）	1.00	1.03	1.05	1.08	1.12	1.17	1.10
X_3（万公顷）	1.00	0.95	0.99	1.10	0.85	0.92	1.65
X_4（元）	1.00	1.18	1.35	1.52	1.86	2.03	2.18
X_5（元）	1.00	1.22	1.40	1.54	2.12	2.40	2.68
X_6（个）	1.00	1.02	1.04	1.06	1.06	1.03	1.03

计算关联系数。湖北省关联系数表如表 3-6 所示。

表 3-6 关联系数表（湖北省）

年份 关联系数	2010	2011	2012	2013	2014	2015	2016
$\xi_1(k)$	1	0.963039	0.950678	0.962162	0.991909	0.991579	0.986710
$\xi_2(k)$	1	0.985960	0.972617	0.979359	0.995333	0.969206	0.920762
$\xi_3(k)$	1	0.887238	0.903494	0.999808	0.739467	0.775760	0.612565
$\xi_4(k)$	1	0.843986	0.737546	0.641779	0.506419	0.461283	0.428528
$\xi_5(k)$	1	0.806230	0.701040	0.633902	0.431174	0.377503	0.333833
$\xi_6(k)$	1	0.973076	0.954639	0.952223	0.924997	0.871064	0.846398

计算关联度。代入结果为：

(0.978011, 0.974749, 0.845476, 0.659935, 0.611955, 0.931771)

关联度排序：$\gamma(X_0, X_1) > \gamma(X_0, X_2) > \gamma(X_0, X_6) > \gamma(X_0, X_3) > \gamma(X_0, X_4) > \gamma(X_0, X_5)$

按照关联度依次减小的顺序排列为：劳动力供给、粮食产量供给、生活水平提高、土地要素供给、农村居民收入、农村居民支出。

3.3.3 传统灰色关联度结果分析

基于传统灰色关联分析可知，关联度越接近1，关联程度越大。一般认为关联度介于 0 到 0.4 之间时，关联程度低；关联度介于 0.4 到 0.6 之间时，关联程度中等；关联度介于 0.6 到 0.8 之间时，关联程度较强；关联度介于 0.8 到 1 之间时，关联程度极强。

运用灰色关联度分析法将农业现代化与城镇化之间的内在作用机制量化，判断出农业现代化对城镇化的作用机制中，作用因素与城镇化的关联度都较高，关联度强弱从大到小依次为：粮食产量供给、劳动力供给、生活水平提高、土地要素供给、农村居民收入、农村居民支出。

粮食产量供给与劳动力供给是农业现代化对城镇化作用机制中与城镇化关联性最强的两个作用因素，分别为湖南省和湖北省的最强因素。粮食产量的关联系数在两省分别为 0.904747 与 0.974749，说明粮食的供给与两省城镇化水平息息相关。湖南与湖北作为洞庭湖平原的容纳区域，是粮食生产、进口和消费大省，本土生产的粮食主要为水稻，大豆、高粱、玉米、小麦等粮食缺口较大，需要大量进口。从粮食历年供给情况看，两省粮食产量供给增长率多低于城镇化增长率，可见，整体上粮食产量的供给滞后于城镇化的发展。农业劳动生产率低，粮食产量供给不足，导致农业现代化对于城镇化的作用机制未能有效发挥出来，成为两省城镇化进程中的瓶颈之一。

农业现代化与城市化率灰色关联性最强的第二个因素是劳动力供给，湖南省关联系数为 0.882095，湖北省的关联系数为 0.978011。城镇化过程中的人口集聚能够促进社会分工和职业细化，优化产业结构。这一过程必然需要大量的农村剩余劳动力转移过来，而农业现代化正是通过提供劳动力要素促进了城镇化进程。农业现代化的实现提高了农业劳动生产率，对束缚在土地上的农业劳动力予以解放，加快剩余劳动力向非农产业就业的转移，从而推动城镇化进程。目前湖南省第一产业从业人员比例依然高于第二、三产业，而第一产业产值却远远低于水平相当的第二、三产业。农业劳动生产力发展不充分、不平衡，农业现代化在解放生产力方面所作的工作仍显不足。相比之下，湖北省在劳动力供给这一因素上受到的影响甚至比湖南省更高，几乎高出 0.1 个关联系数。

生活水平提高是农业现代化对城镇化作用机制中与城镇化关联性次强的作用因素，在两省的关联系数分别为 0.852203 和 0.931771。本指标选取的数据来源——村卫生机构数虽然不能完全代表农业现代化进程中农村居民生活水平状况，但因为医疗卫生事业的重要性，也具备了相当的参考意义。早期我国基层尤其是乡村基层医疗卫生服务落后，农村居民看病难，医疗资源主要集中于城市，大批基层百姓赴大城市就医，既不利于乡村医疗建设，也对城镇医疗资源分配提出了挑战。从这一角度看，湖南省农业现代化对城镇化的发展起到了较大推动作用。值得注意的是，虽然在两省比较中，这一作用因素同时排在第三位，但从绝对数字看，湖北省的村卫生机构数量几乎仅为湖南省的一半，同时湖北省在这一因素上的关联度也比湖南省要高出 0.08 个关联度，因此推测村卫生机构数量增长到一定程度后，其带来的边际效益递减，进一步推测生活水平提高同样在对城镇化的促进过程中的效用是递减的。

土地供给是农业现代化对城镇化作用机制中与城镇化关联性较强的作用因素，两省的关联系数分别为 0.713741 和 0.845476。城镇化的过程本身就是各种要素在空间上的聚集过程，其中包括土地要素。如今人们越发认识到将土地投入城市用地的收益远大于农业生产。但是不能忽略的问题是，土地是不可再生的资源，其供给是有限的，城镇化建设需要非农用地的投入，农业生产更是需要耕地，它是粮食生产和农民增收的基础，我国早已划定耕地面积红线，这是农业用地的最低保障。面对稀缺的土地资源，农业现代化为此提供了一条解决途径——农业现代化的实现依赖于农业的规模化、集约化生产，它能够将小规模的、以家庭为单位的、零散的土地整合起来，实现高效用地，进而为城镇化的非农建设用地腾出空间。湖南省境内多山，平原主要分布于湘北洞庭湖地区，而长株潭城市群位于湘东，农业用地与城市用地的冲突尚不明显。湖北省的平原面积同样狭小，集中在东南部，西部恩施等地区几乎没有平原，同时也是城镇化程度最低的地区之一。

农村居民收入与农村居民支出是湖南省农业现代化对城镇化作用机制中与城镇化关联性中等的作用因素，关联系数分别为 0.644786、0.596425 和 0.659935、0.611955，关联程度并不十分显著。城镇化拉动需求，不能仅仅依靠城镇居民消费，很大程度上依赖于农民消费。农民收入低致使城镇化扩大内需的能力发挥不出来，只有依靠农民收入的增加，才能实现消费市场的扩张。目前的基本现状是农民人口基数庞大，农民消费能力弱，据此将农民作为未来城镇化过程中消费市场的潜力人群，对于实现扩大内需自然有着不可小觑的作用。然而目前两省农民消费与城镇化的中等关联度可能恰恰反映了城乡二元结构的弊病，湖南省城乡一体化发展任重而道远。

第4章 城镇化进程中的居民消费和老龄化因素

4.1 引　　言

4.1.1 城镇化进程中的居民消费因素

《国家新型城镇化规划》（2014—2020 年）重点指出内需是我国社会经济发展的根本驱动力，而城镇化建设是扩大内需的最大潜在动力，推动城镇化发展能够为我国经济可持续发展提供稳定的动力支持。因此十八大将城镇化作为拉动内部需求的重要手段，并提出以全体人民为核心，关注群体幸福感的新型城镇化，将产业发展融合到城镇化建设中，让农民工逐步融入城镇。

根据《2018 中国统计年鉴》数据显示消费增速放缓，2018 年我国社会消费品零售总额约为 38.0987 万亿元，对比上年增长 4.02%，同期增长率降低了 6%。在我国长期的城乡二元结构下，仍存在农村居民消费需求不足的现象。2018 年我国乡村人口约为 57661 万人，占全国人口的 41.48%，然而我国乡村零售额为 5.5350 万亿元，仅占全国消费品零售额的 14.53%，由此可见，农村消费规模对比全国而言极其有限，2018 年农村恩格尔系数为 31.2%，高于全国 2.6 个百分点，生存型消费占比偏高，农村消费结构也亟待改善。目前我国城镇居民消费市场已逐步趋向饱和，农村居民消费具有较大的增长空间，因此增加农村居民消费需求，拉动农村居民消费对促进经济快速增长有一定的推动作用。影响农村居民消费的因素众多，本书仅研究城镇化在农村居民消费中所起的作用。

我国目前实施中部崛起与新型城镇化战略，湖北省作为中部省份之一，研究其具有政策的指向性，湖北省的城镇化水平高于全国平均水平，2017 年末湖北城镇人口3499.89万人，比2016年增加80.7万人，湖北城镇人口的比重达到59.3%，农业在湖北省内占据重要地位，2016年湖北省城镇居民人均消费支出为20040元，农村居民消费支出为10938元，农村居民消费水平约为城镇居民消费水平的一半，这从某一方面反映了湖北省农村居民消费不足的问题。城镇化的提高是当前扩大内需，拉动消费的最大动力，城镇化不仅能够拓宽农村居民的收入来源，还能够影响农村居民的消费观念，从而促进农村居民消费。因此为了统筹湖北省城镇化发展，湖北省发布了《湖北省新型城镇化规划（2014—2020）》，确保城镇化稳妥有序地进行。故对城镇化与农村居民消费关系进行研究具有一定的现实意义，这对促进湖北省经济的健康发展制定政策提供一定的借鉴。

关于城镇化与农村居民消费关系的文献大部分集中于实证方面，主要分为以下三类的实证：一是基于面板数据的实证分析。柯忠义（2017）基于我国2000—2003年的省级面板数据来分析我国城镇化影响农村居民消费行为的路径，其中他运用了面板平滑转换模型并得到城镇化与农村居民消费之间存在明显的收入结构平滑转换特征，如当居民工资比例超过0.31时，城镇化与农村居民消费的增长呈正向关系。易行健等（2016）则基于69个国家1978—2011年的面板数据，并采用GMM方法来估计城市化与居民消费间的关系，最终结果是城市化对人均居民消费具有较强的正面效应，城市化能够间接影响居民消费。二是VAR模型的脉冲响应函数和方差分解分析等。宋德勇等（2014）基于我国1990—2001年的省级面板数据，利用VAR模型检验了城镇化对农村居民消费存在影响，最终得到城镇化与居民消费间存在正的推动作用，我国应继续坚持发展城镇化政策的结论。刘艺容和陈阵等（2013）基于湖南省1985—2011年的城镇化与农村居民消费的数据，并运用了VAR模型分析湖南省城镇化与农村居民消费间的影响，最终得到了湖南省城镇化与居民消费间存在正的推动作用。三是城镇化与农村居民消费的灰色分析。马丽等（2018）则基于2000—2015年《宁夏统计年鉴》的城市化率以及相关消费数据，并采用灰色关联方法对城镇化与农村居民消费之间的关系进行分析，最终得到城镇化对于宁夏农村居民消费支出构成的各项影响均比较显著的结论。时仅等（2016）选取空间规模、经济发展、社会发展、生态环保四个角度对1997—2013年重庆市的城镇化质量进行评价，并采用灰色关联方法分析1997—2013年重庆市城镇化与消费结构间的关系，最终结论是随着重庆市城镇化质量处于完善阶段，城镇居民的消费结构也因此处于以发展型消费为主的相应阶段。杜华章（2011）基于1999—2009年江苏省农村居民消费数据，运用线性回归模型与灰色关联分析方法探讨城镇化进程与消费结构间的关系，最终得到受城市化率影响最大的是医疗保健，其次是文娱类，两者呈现极强关联。

推进城镇化需要统筹规划、城乡一体地进行，实现城乡良性互动发展。着力解决农村居民关心的问题，不能以牺牲农村的利益为代价实现城镇化。新型城镇化的建设可以参考成都、广东模式，即大城市带动大郊区、发展乡镇企业或民营企业和发展特色农业产业园，发展农家乐，为乡村地区带来动力。同时大力发展第三产业，为农村居民提供更多的工作机会和消费机会。李俊华（2018）提出利用城市的功能定位来提升居民的消费水平。他以湖北各地级市为例，通过明确城市间职能，带动经济发展，进一步缩小"二元"结构差距，转变农村居民消费观念，从而能够提升农村居民的消费需求。

4.1.2　城镇化进程中的老龄化因素

20世纪50年代以来，工业化程度较高的欧洲国家最早进行人口老龄化问题的研究，后来这个问题逐渐引起西方学者的关注。生命周期理论由美国经济学家 Modigliani F 和 Brumberg（1954）提出。该理论强调了消费与个人生命阶段之间的关系，认为人们在一生之内进行消费规划，实现消费与收入的最优化。总体来说，人的一生可以分为初期、中期和晚期三个阶段。人在第一阶段的时候，很大的一部分收入用于消费，积蓄很少或为零甚至为负储蓄；第二阶段，收入日益增加，因为该买的都买了，消费减少，收入的一部分储蓄起来以备退休后运用；第三阶段，由于退休没有了工资收入，开始消耗存款、养老金和保险返还额。按照生命周期理论，如果一个经济体中年轻人和老年人的比例增大，则该经济体的消费水平会往上走，而如果该经济体中中年人比例增大，则该经济体的消费欲望将大为减弱。

日本学者大前研一（2018）认为日本经济低迷、国民消费意愿不强的根源在于日本人对未来老年生活感到不安，而随着日本老龄化程度不断加深，将会导致经济的长期低迷甚至是衰退。他认为从经济泡沫破灭到2016年，日本个人金融资产不减反增，从1000万亿日元增长到了1700万亿日元，而拥有这一大笔财产的大部分是65岁以上的老年人，大多数有车有房，已经是没有什么是要必须买的了。同时，日本老年人对未来感到不安，对政府不信任，所以他们即使有钱，也不会将钱用于消费，而是进行储蓄。他指出，日本年轻人在 30 岁的时候就开始存钱，而到了老年的时候，又将年金的三成用于储蓄，若长期发展下去，日本国民每人将抱着 3500 万日元离世。Cutler 等（1990）的研究发现，短期内劳动人口减少会使社会总消费提高，但长期来看，适龄劳动人口的减少对消费的影响取决于技术进步的提高引起总产出提高和劳动人口减少对产出的抑制作用大小这两个相互因素的影响。Birgit 和 Thomas（2012）使用奥地利的相关数据研究老龄化对消费结构的影响，最终结果显示，在人口老龄化持续加深的情况下，食品、医疗保健等方面的消费会逐渐增加，而交通等方面的消费支出会逐渐减少。

王金营、付秀彬（2006）建立了消费影响模型，导入全国性的统计数据，得出了因收入增加会促进消费增长，但因年龄的增加从而抑制消费增长的结论。王芳（2013）研究表明社会的总抚养比会对消费产生正面的影响，而少儿抚养系数和老年抚养系数会对消费产生限制性影响。毛中根、孙武福和洪涛（2013）联合完成的研究中，通过对 15 年面板模型的分析，他们认为人口老龄化水平的逐渐提高会限制城镇居民消费，但农村居民消费水平不会受到影响。但也有结论相反的研究，陈冲（2013）利用生命周期理论，结合动态规划建立了老龄化影响消费的数学模型，其结论表明人口老龄化水平与城镇居民消费率不存在显著的相关关系，但是与农村居民的消费率存在十分明显的负相关。蔡魏勇（2017）研究表明，城镇人口老龄化是中国老龄化加重的主要原因，结合文化传统习俗等方面的原因，很明显地导致了居民消费的低下，老龄化抑制消费水平的增长但不是主要因素。杨燕绥、常蓓荃（2019）认为随着经济的持续发展，人均 GDP 增加和人均寿命的延长，将使得体检、医疗护理、保健养生等方面的支出不断增加，由此健康产业的大发展在未来属于大概率事件。赵周华（2019）通过近 30 年的时间序列数据，使用 SVAR 模型分析少子化与老龄化对农村居民消费结构的影响，结果表明老龄化加深会促使农村居民增加对食品、衣物时尚、医疗健康的消费，减少住房、家电、交通、教育等方面的消费。张微微、何春（2018）使用十年的省际面板数据进行了统计分析，其结果显示人口老龄化对城乡两区域消费率影响程度大为不同：人口老龄化对城镇居民消费具有明显的促进作用，农村地区反而不明显。

社会保障制度素来是居民的最后"兜底"，在老龄化加剧的情形下，加快完善社会养老保险显得尤为重要。目前，我国的养老保险制度存在着部分地区历史欠账问题，要加快实现全国养老金统筹，富余省区支援亏空省区，同时运用多种资金增收方式，保证我国养老金的正常运转。同时，加强立法和监管，提高财政转移支付的比例，解决农村养老保险的资金不足与水平低下的问题（穆光宗，2016），消除农村居民尤其是老年人的不安情绪和疑惑，从而为农村消费提供信心和保证。

充分利用"互联网+"浪潮，促进互联网与养老产业的创新融合。周星、范乐乐（2018）提出利用"互联网+"来促进养老产业的健康发展，要主动创新服务模式，完善信息发布与推送机制，以此促进老年生活方式的智能化与服务化，释放消费潜力。光纤入村并基本完成4G网络覆盖，势必能够带动互联网医疗产业的进一步发展，使得远程AI诊断、智能服务更为成熟，城市发达的医疗资源也能够通过高速网络普及至农村地区，进一步满足农村居民对于健康方面的养老需求。

通过回顾以上文献，可以发现国内外的众多学者都研究了人口老龄化，即年龄结构这一因素对居民消费有何影响这一问题，但研究方法是形式不一、多种多样的，值得关注的是，研究结论也是各不相同。这主要是由于选取的数据对象和研究方法有所差异。但有一点毋庸置疑，无论是国外学者还是国内学者，选取的研究对象多数以全体为主，选取部分进行研究的占比极少。在中国当前背景下，农村地区的老龄化现象越来越严重，城镇化水平仍在逐步提高，而农村的消费水平长期以来是低于城镇的。因此对农村居民的消费问题的研究是具有意义的。

4.2 湖北省城镇化与农村居民消费因素关系分析

4.2.1 城镇化与农村居民消费的相关理论

1. 城镇化的定义与特征

（1）城镇化的定义。国际上通常认为城镇化是"人口从农村向城镇集中，在城镇中主要从事着第二、三产业活动的过程"。"城镇化"一词最早出现在官方文件中是在"十五计划"中，表示着从这时候开始，我国开始重视城镇化的发展。

（2）城镇化的特征。

第一，人口大量向城镇集中。城镇化第一个明显的特征就是农村人口大量流入城镇，他们不再从事农业生产活动，转而投入到了第二、三产业活动之中。由于城镇的收入、生活水平普遍比农村高，进而对农村人口有着巨大的吸引力，城镇人口越来越多，城镇人口占总人口的比重越来越高，城市化率也就越来越高。

第二，经济体系改变，农业产业的比重下降，非农产业比重上升。由于城镇化的推进而吸引而来的大量人口，使得城镇有了富余劳动力进行经济活动，除去必要的生产物资生活资料的第一产业活动，对劳动力需求更大的第二、三产业活动十分活跃，产值的增长速度快于第一产业。随着城镇化的持续推进，在城镇中第二、三产业的占比会大于第一产业，成为支柱产业。伴随着人口的流入，以及资源的集聚，会使得城镇的产业产生集聚效应，从而推动经济的进一步发展。城镇经济的发展带来的扩散效应也会带动农村经济的发展，提升农民的收入和生活水平。

第三，城镇与乡村联系加深。城镇化的推进使得城镇与乡村之间的交通、信息交流等方面大为便利，城市的生活方式、消费习惯会持续影响着农村居民。农村地区为城镇提供所需的生活生产资料，城镇为农村提供资金、技术等要素，持续地推动城乡之间交流。

2. 居民消费相关理论

消费是人们通过消耗各种社会资源达到自身需求的一种行为，本书仅关注居民消费。居民消费则是为了满足自己的需求而进行的物质精神资料消费。生产消费不在此范围之内。

影响居民消费的主要因素有：收入及其分配、利率、社会保障水平、消费观念和习惯等。

收入包括了当期收入、未来预期收入和收入分配，是影响消费的最大的因素。一般来说，收入与消费呈正向变动，收入越高，消费越高。未来预期收入越高，其消费意愿越高。若收入分配合理，则居民消费水平会变高，低收入人群的消费欲望大于高收入的，收入分配机制越合理，居民消费总量会越高。

利率与消费之间是限制性关系，利率越高，居民更愿意把资金用于储蓄而不是消费，所以消费会降低。

社会保障水平与消费之间是正向关系，一般来说，一个社会的社会保障体系越完善，居民更"敢"去消费。社会保障作为国家社会的"安全网"，其水平越高，人们对未来的预期更好，更愿意去消费。

影响消费的重要因素还有个人的消费习惯和观念。一些居民偏好超前消费，一些居民更喜欢"有多少钱花多少"，不仅如此，个人的消费还会受到周围人消费习惯的影响，有着模仿消费的倾向。

3. 城镇化对农村居民消费的影响

第一，城镇化能够增加农村居民的收入。在城镇化的进程中，农村的劳动人口、土地、资源等都会集中到城镇，产生集聚效应和规模效应。农村人口进入城市后对生活水平的追求会刺激着服务产业的发展，而工商等产业对劳动力敏感，有着巨量工作岗位，使进城的农村人口更容易获得工作从而获得更高的收入，从而他们的消费倾向会提高。另外，城镇化的推进使得城乡资源、人员、物资交流更为便利，市场信息能更快地传递至乡村地区，为乡村的农产品、特色产品等开拓了市场，增加了销路，提高了农村居民的收入水平。同时，城镇人口的大量增长，对农产品乃至健康的有机产品有了更大的需求，促使农村居民提高农业生产率，同样能够提升农村居民的消费水平。

第二，存在着"累积效应"。城镇化过程中，任何投资、消费都能够产生乘数效应和加速效应。统计资料表明，当中国城镇化水平每提升一个百分点，可以产生近7万亿元的需求。当居民有消费需求的时候，生产者会竭尽所能地生产产品以满足需求和在市场上进行竞争，由此形成了良性循环，使得累积效应越来越大。

一般来说，城镇化过程都经历着初级阶段、快速阶段和完成阶段三个阶段。在初级阶段的时候，城市化率一般低于20%—30%，此时城镇经济活力不足，农业占据着主导地位，农业生产率不高，剩余劳动力不足，城镇化进程十分缓慢。当城市化率超过30%的时候，经济开始加速发展，城镇的工商业繁荣，有着很多的用工需求，农村的多余劳动力富余，大量农村劳动力涌入城镇就业，由此生活在城镇，成为市民，城镇化进程加速发展。当城市化率上升到了70%左右的时候，标志着进入到完成阶段，基本实现了社会面貌的转变，工商业兴旺，人均收入相较以前有了极大的提升，居民消费十分活跃。在准备阶段，累积效应并不明显，而到了快速阶段，累积效应会随着消费的增加而增加，使得财富的积累越来越快，直到进入成熟阶段时稳定下来。

第三，城镇的消费习惯、观念和生活方式直接或间接地影响到农村地区。经济学家杜生贝利（Duesenberg，1949）提出的相对收入理论认为，人们的消费不仅取决于绝对收入的量，更主要的决定于相对收入的量，即过去的收入及相对习惯、其他人的消费水平。消费具有示范作用，即使收入低，但是顾及在社会的上的地位，会发生与收入水平不符的消费，提高消费。同时消费也存在着"棘轮效应"，即使今年的收入比往年少，人们并不会减少其消费支出，反而可能会增加消费，增加消费容易，减少消费困难。

城镇化的消费习惯、观念和生活方式往往为农村地区居民所效仿，为了显示自己没有落后于潮流，农村居民会按照城镇的消费习惯进行消费，把城镇的消费风向视为前卫的标志，模仿城镇居民的消费，形成了"潮流消费"，从而提高了社会的总体消费水平，拉动了经济增长。同时，随着收入的提高，生存不再是问题的时候，消费需求更进一步，逐步向享受消费和发展消费靠拢，主动地去追求文教娱乐体育等方面的消费，丰富自身的生活，提高其生活水平。

第四，过度或超前的城镇化对农村居民消费存在不利影响。若城镇化过快发展，超过了其经济发展规律和社会的承受程度，会对农村消费的增长产生抑制作用。如城镇为了更大的面积而盲目规划、过度征收土地，使得农村土地减少，影响了农民的正常生产，损害了农民的利益引发强烈的矛盾冲突。再如城镇房价的快速上涨超出了农村居民的收入水平，人们为了买房从而减少其他的消费，房产挤占了农村居民的大部分消费，抑制了消费。另外，政府为追求经济发展和政绩，对民生有所忽视，农村居民收入增长跟不上经济发展，使得农村居民消费增长受到了阻碍。

4.2.2 相关概念界定与湖北省农村居民消费现状

1. 相关概念界定

从人口迁移的角度来说，城镇化是指一个地区的农业人口不断向城市迁移、由农业人口不断转移为非农业人口的过程，这个过程是经济发展、社会不断进步的体现。从生活方式来看城镇化，迁移到城市的农业人口不断受到城市生活方式的影响，则会转变他们原有的生活方式，同时还可能将此种生活方式传播回农村，这样会使得城乡生活方式逐步一致化，进而缩小城乡差距。因此，可以从以下两方面来看城镇化，一是农业人口不断向城市聚集，会使城市规模进一步扩大；二是城市生活方式会影响农村人口，从而促进农村人口生活方式的转变，同时城镇化还会促进农村地区产业结构的调整。

衡量城镇化水平的研究方法有以下四种：城镇人口比重法、非农业人口比重法、城镇土地比重法和综合指标法。本书按照国际上的惯例选取城镇人口比重法来测量湖北省城镇化水平，公式如下：

$$Y = \frac{U}{U+R} = \frac{U}{N} \qquad (式4-1)$$

其中，Y 为城镇化水平，U 为城镇人口，R 为农村人口，N 为总人口。

消费是人们利用物质财富购买各类社会产品来满足自身需要的活动。消费依据消费目的来划分一般可分为两大类：一是生产类消费，该种消费目的在于进行生产资料的生产；二是生活类消费，其目的在于满足个人生存、发展和享受的内在需求。

居民消费是指在一定的时间测度内国家或地区的人口在社会商品与服务方面的所有消费性支出。总体来说，居民消费可分为以下三大类：一是生存型消费：居民为了满足生理需要而对衣、食、住、行等基本生存条件所产生的需求。二是发展型消费：居民因个人体力、才能、智力等所需的发展而产生的消费。三是享受型消费：居民为了提高个人生活水平与生活乐趣所需要的各类享受、娱乐商品的消费。一般而言，生存型消费在农村居民生活消费支出中占比最高，发展型消费与享受型消费在农村居民生活消费支出中占比较低，城镇居民消费则相反。

2. 湖北省农村居民消费现状

本书研究主要选取了湖北省 2003—2017 年的人口数据（数据主要来自《2018 湖北统计年鉴》），对湖北省近些年来的城镇化水平进行客观分析。本书研究主要采取最基本的方法即城镇人口比重法来衡量城镇化水平。依据该方法，可以计算出湖北省城镇化水平，如表 4-1 所示。

表 4-1　　　　湖北省 2003—2017 年城镇化发展水平

指标 年份	总人口（万人）	城镇人口（万人）	城市化率	城镇人口增速
2003	5685.00	2387.7	42.00%	1.68%
2004	5698.00	2427.3	42.60%	1.66%
2005	5710.00	2466.7	43.20%	1.62%
2006	5693.00	2493.5	43.80%	1.09%
2007	5699.00	2524.7	44.30%	1.25%
2008	5711.00	2581.4	45.20%	2.25%

续表

指标 年份	总人口（万人）	城镇人口（万人）	城市化率	城镇人口增速
2009	5720.00	2631.2	46.00%	1.93%
2010	5723.77	2844.51	49.70%	8.11%
2011	5758.00	2984.32	51.83%	4.92%
2012	5779.00	3091.77	53.50%	3.60%
2013	5799.00	3161.03	54.51%	2.24%
2014	5816.00	3237.8	55.67%	2.43%
2015	5851.50	3326.58	56.85%	2.74%
2016	5885.00	3419.19	58.10%	2.78%
2017	5902.00	3499.89	59.30%	2.36%

由图4－1可以看出，湖北省的城镇化水平总体上保持较为稳定的发展。从城镇人口来看城镇化水平，15年间湖北省城镇人口逐渐增加，2003年湖北省城镇人口为2387.7万人，2017年湖北省城镇人口已经增加到3499.89万人，2003—2009年间城镇人口平均以每年1.6个百分点的速度增长，2011年增长速度达到峰值8.11%，此后城镇人口每年增长速度均稳定在3.01%左右。从城市化率来看城镇化水平，湖北省城镇人口比重在15间都在逐步递增，15年间湖北省城市化率平均每年以2.44%的速度不断增长，2003—2009年湖北省城市化率增速稳定在1.52%左右，2010年湖北省城市化率增长速度以8.04%达到峰值，2011增速略有下降，2012—2017年城市化率增速徘徊在2.44%左右。

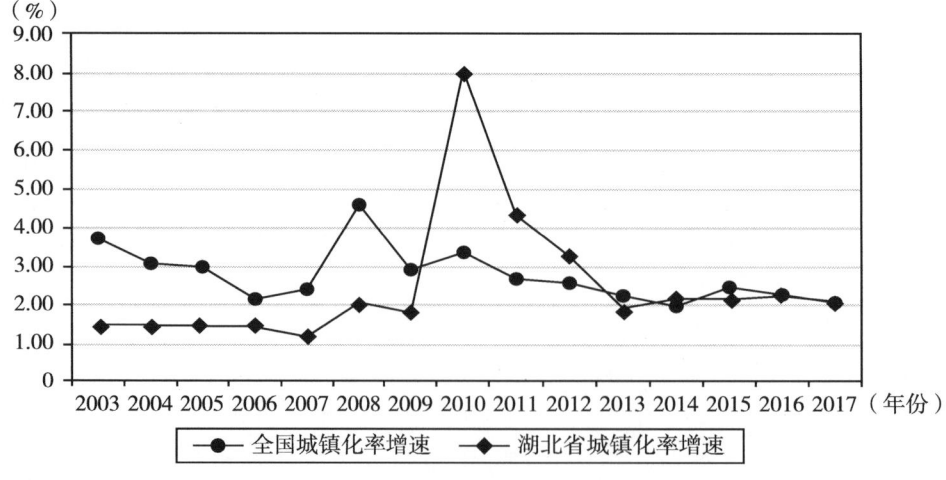

图4－1 全国城市化率增速与湖北省比较图

与全国城市化率呈平滑曲线上升趋势相比较,15 年间湖北省城市化率呈曲折上升趋势的结论。湖北省作为我国中部大省,15 年间湖北省城市化率仅在 2006—2010 年间低于全国城市化率,其余年份湖北省城市化率略高于全国城市化率,整体上湖北省城市化率略高于全国城市化率。2003—2005 年湖北省城市化率高于全国城市化率,2005—2006 年湖北省城市化率增长速度低于全国城市化率增长速度,湖北省城市化率与全国城市化率几乎持平。2006—2009 年湖北省城市化率低于全国城市化率,这是因为该期间湖北省城市化率增速低于全国城市化率增速,所以两者间差距逐步加大。2008—2017 年湖北省城市化率曲线高于全国城镇率曲线,两者之间的差距较小,两者间的差距一直保持较稳定的水平。从城市化率的增速来看,全国城市化率增速在 15 年间平均值为 2.73%,高于 15 年间湖北省城市化率平均增速约 0.3 个百分点,总体上全国城市化率平均增速略高于湖北省城市化率平均增速,全国城市化率增速曲线总体较为稳定,而湖北省城市化率增速曲线较为曲折,湖北省城市化率增速在 2008 年达到峰值,2008—2014 年湖北省城市化率增速高于全国增速,2014—2017 年两者几乎持平。

改革开放以来,在湖北省城镇化进程不断加快的情况下,农村居民收入增加带来的居民消费也不断提升,1982 年湖北省农村居民人均消费水平仅为 227 元,但到了 2017 年则达到了 12432 元,尽管农村居民消费有了较大的增长,但是与城镇居民的差距仍然存在。2017 年湖北省农村居民消费水平为 12432 元,城镇居民消费水平为 28121 元,从这来看,农村居民消费水平仅仅约为城镇居民消费水平的一半(见图 4-2)。

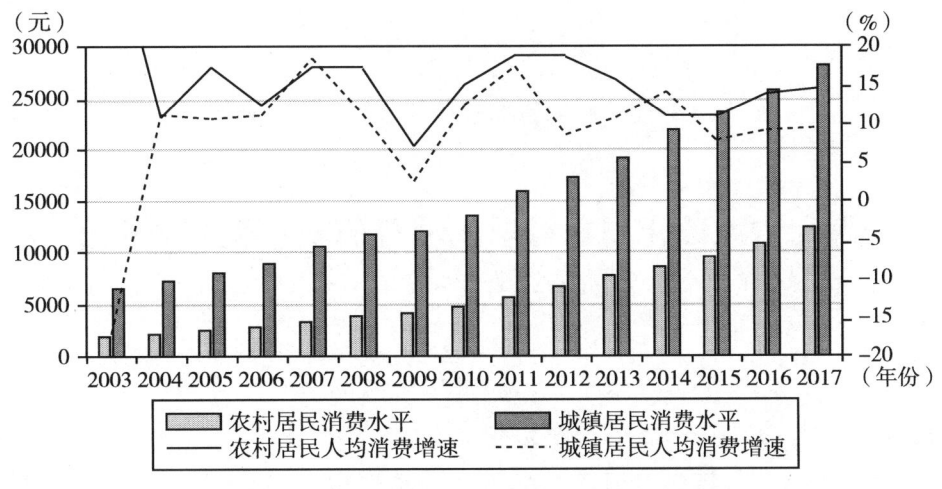

图 4-2 湖北省居民消费水平及增速图

从图4-3可以看出农村居民人均消费增速在15年间基本均高于城镇居民消费水平增速，农村居民消费水平增速处于相对稳定的状态，除了2003年为35.83%、2004年为10.8%、2006年为12.39%外，其余年间消费水平增速均超过15%。相较农村居民消费水平增速而言，城镇居民消费水平增速则呈现出起伏较大的现象，年均维持11.04%的增长。从表4-2和表4-3则可以得出2003—2017年湖北省农村居民消费结构现状，2003—2017年间，农村恩格尔系数大体呈逐年下降趋势，2003—2010年呈现平稳下降的趋势，2010—2011年间恩格尔系数下降较快，2013—2014年间农村恩格尔系数大幅下降，从24.36%降到了16.24%，之后又出现稍稍回升趋势，恩格尔系数下降说明食品支出占农村个人总支出的比例降低，农村居民消费结构得到一定的改善，生存型消费不再占据农村居民消费的大部分，农村居民更多地转向发展型消费甚至享受型消费。

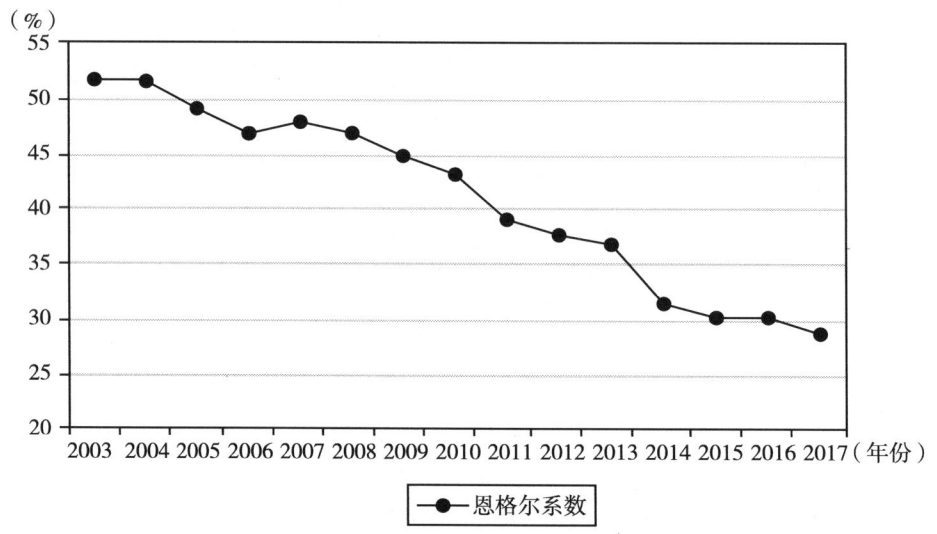

图4-3 湖北省农村居民恩格尔系数图

4.2.3 湖北省城镇化与农村居民消费的灰色关联分析

1. 模型指标选取及数据来源

本书着重分析城镇化与农村居民消费结构间的关系，并采用线性回归模型与灰色关联分析方法对两者间关系进行研究。其中，城市化率采用《湖北统计年鉴》中的城镇人口与总人口进行测算，同时也根据统计年鉴将农村居民消费结构主要分为八大类消费支出项目,其中包括食品消费、衣着消费、家庭设备用品及服务、交通和通信、文化教育娱乐、医疗保健消费和其他商品与服务。将城市化率定义为 X,将八大类支出结构分别定义为 Y_1、Y_2、Y_3、Y_4、Y_5、Y_6、Y_7、Y_8,具体值如表 4-2 所示。

表 4-2　2003—2017 年湖北省城市化率及农村居民消费结构表

指标 年份	城市化率	农村居民消费支出(元)	食品(元)	衣着(元)	居住(元)
2003	42.00%	1801.63	930.98	80.19	223.41
2004	42.60%	2088.98	1076.35	93.52	274.10
2005	43.20%	2430.19	1192.26	125.01	310.27
2006	43.80%	2732.10	1278.80	146.69	377.20
2007	44.30%	3090.00	1479.04	168.64	434.91
2008	44.30%	3652.57	1711.34	187.07	651.50
2009	45.20%	3725.4	1668.35	195.45	702.62
2010	46.00%	4090.78	1763.05	217.61	816.42
2011	49.70%	5010.74	1954.62	272.12	1086.86
2012	51.83%	5726.73	2154.01	316.41	1206.16
2013	53.50%	6279.52	2308.45	347.67	1415.73
2014	54.51%	8680.93	2724.1	495.73	1944.56
2015	55.67%	9803.15	2952.69	549.14	2150.27
2016	56.85%	10938.3	3295.3	568.71	2407.9
2017	58.10%	11632.51	3332.38	626.4	2512.27

指标 年份	家庭设备用品以及服务(元)	交通通信(元)	教育文化(元)	医疗保健(元)	其他商品与服务(元)
2003	73.00	95.55	122.05	223.92	52.53
2004	75.11	110.73	162.65	245.68	50.85
2005	110.04	135.37	223.16	271.86	62.23
2006	135.53	172.40	246.07	292.30	83.24
2007	166.25	178.77	281.12	284.13	97.13
2008	234.92	290.44	267.13	210.36	99.80
2009	229.32	307.22	281.68	236.31	104.29

续表

指标 年份	家庭设备用品以及服务（元）	交通通信（元）	教育文化（元）	医疗保健（元）	其他商品与服务（元）
2010	262.26	331.35	288.12	295.24	116.73
2011	359.57	414.36	341.87	438.2	143.14
2012	397.86	496.10	394.63	591.87	169.68
2013	425.00	605.95	407.42	624.40	144.90
2014	574.31	816.43	1010.19	907.33	208.28
2015	599.92	1218.42	1118.15	985.09	229.48
2016	669.01	1381.37	1156.60	1213.47	245.94
2017	706.20	1384.68	1330.67	1438.32	301.59

2. 建立灰色关联分析模型

灰色关联分析方法是以序列曲线集的几何形状间的相似程度为依据，并以此来判断序列曲线间联系是否紧密的一种方法。曲线间联系越紧密，曲线越相近，则对应序列间的关联度数值就越大，反之则越小。利用灰色关联的方法不仅能够测算出湖北省城镇化与农村居民消费结构间的内在关系，还能够在一定程度上测算出城镇化影响农村居民消费结构的主导因素。

本书着重分析城镇化与农村居民消费结构间的关系，根据统计年鉴将农村居民消费结构分为八大类消费支出项目，其中包括食品、衣着、居住、家庭设备用品及服务、交通和通信、文化教育娱乐用品及服务、医疗保健和其他商品与服务。将其占居民消费性支出的比重分别定义为 Y_1、Y_2、Y_3、Y_4、Y_5、Y_6、Y_7、Y_8。

（1）确定参考序列与比较序列，选取湖北省城市化率 $X_o(k)$，k 为选取年份（即 2003—2017 年）为本书的参考序列，则：

$$X_o = (X_o(2003), X_o(2009), L, X_o(2017)) \quad （式4-2）$$

选取食品、衣着、居住、家庭设备用品及服务、交通和通信、文化教育娱乐用品及服务、医疗保健和其他商品与服务占居民消费性支出的比重作为比较序列，并将其记为：

$$Y_j = (Y_j(2003), Y_j(2009), L, Y_j(2017)), j = 1, 2, L, 8 \quad （式4-3）$$

其中 $Y_j, j = 1, 2, L, 8$ 分别代表着食品、衣着、家庭设备用品及服务、交通和通信、文化教育娱乐用品及服务、医疗保健和其他商品与服务的消费比重。

（2）对各序列进行初值化变换。具体的计算方式是用同一序列的首个数据分别除以后边的每个原始数据，即可得到处理过后的新序列 X'_o, Y'_j，具体计算式如下：

$$X'_o = \frac{X_o}{X_o(2003)} = (X'_o(2003), X'_o(2009), L, X'_o(2017))$$

$$Y'_j = \frac{Y_j}{Y_j(2003)} = (Y'_j(2003), Y'_j(2009), L, Y'_j(2017))$$ （式4-4）

$$j = 1, 2, L, 8$$

（3）计算灰色关联度系数。具体公式如下：

$$r_j(i) = \frac{\min_j \min_i |X_i - Y_i^j| + \rho \max_j \max_i |X_i - Y_i^j|}{|X_i - Y_i^j| + \rho \max_j \max_i |X_i - Y_i^j|}, j = 1, 2, L, 8$$ （式4-5）

i 为选取年份，其中 $r_j(i)$ 是灰色关联度系数，ρ 为分辨函数，且 $\rho \in [0, 1]$，ρ 的数值越小则分辨能力就越强，通常情况下均取 $\rho = 0.5$。

（4）计算灰色关联度 ξ。关联度是灰色关联度系数的算术平均值，关联度揭示了湖北省城镇化与农村居民消费间的内在联系，且关联度 ξ 的取值范围在 0 至 1 间。计算公式为：

$$\xi = \frac{1}{n} \sum_{j=1}^{8} r_j(i)$$ （式4-6）

其中 i 为选取年份，n 为选取样本数。

3. 线性回归结果与灰色关联度比较分析

以农村居民消费性支出为例，选取表4-2中2003—2017年湖北省城市化率与农村居民消费性支出的数据，运用SPSS软件进行线性回归运算得到表4-3的结果。将一元线性回归模型中的解释变量设置为城市化率，被解释变量设置为农村居民消费性支出，显著性水平设置为0.05，其中，解释变量城市化率的 t 统计量值为14.401，且城市化率回归系数显著性检验的概率 P 值为0，概率 P 值小于显著性水平0.05，则可以认为城市化率的回归系数与0有显著差异，这说明了城市化率能够显著影响农村居民消费性支出。城市化率的标准化系数是0.970，这说明城市化率每增加一个单位，农村居民消费性支出则会增加0.970个单位。

表4-3　　　　城市化率与农村居民消费性支出回归结果表

变量	非标准化系数		标准化系数	t 统计量	概率 P 值
	B 系数	标准误差			
农村居民消费性支出	-21715.399	1898.374	—	-11.439	0.000
城市化率	556.912	38.673	0.970	14.401	0.000

表 4-4 与表 4-5 是城市化率与八大类农村居民消费结构的线性回归结果表和回归参数估计表。由于城市化率与农村居民消费结构单位不一致，因此采用八大类消费支出占农村居民消费性支出的比重来进行分析，线性回归模型中，解释变量为城市化率、被解释变量分别为食品消费占比 Y_1、衣着消费占比 Y_2、居住消费占比 Y_3、家庭设备用品及服务占比 Y_4、交通通信占比 Y_5、文化教育娱乐占比 Y_6、医疗保健消费占比 Y_7、其他商品与服务占比 Y_8，除了在城市化率与文化教育娱乐的线性回归方程中，城市化率回归系数的概率 P 值为 0.949（远高于显著性水平 $\alpha = 0.05$）外，其余回归方程城市化率回归系数的概率 P 值均小于 0.05，说明城市化率显著影响了除文化教育娱乐之外的其余消费占比。从表 4-5 中可以看出，食品消费、居住消费、交通通信消费和医疗保健消费同城市化率的线性回归拟合优度较好，三者的拟合优度 R^2 分别为 0.975、0.750、0.666、0.967，文化教育娱乐与城市化率的线性回归拟合优度 R^2 为 0.000，拟合度最差。除了城市化率与文化教育娱乐 Y_6 的线性回归在 $\alpha = 0.05$ 的水平上不显著外，其余各项消费支出与城市化率的线性回归均在 $\alpha = 0.05$ 的水平上显著。

表 4-4　城市化率与农村居民消费结构线性回归结果表

变量	非标准化系数		标准化系数	t 统计量	概率 P 值
	B 系数	标准误差			
食品消费 Y_1	109.413	3.040	—	35.992	0.000
城市化率	-1.402	0.062	-0.988	-22.644	0.000
衣着消费 Y_2	3.391	0.686	—	4.942	0.000
城市化率	0.038	0.014	0.608	2.750	0.017
居住消费 Y_3	-10.976	4.733	—	-2.319	0.037
城市化率	0.602	0.096	0.866	6.248	0.000
家庭设备用品及服务 Y_4	0.148	2.006	—	0.074	0.942
城市化率	0.116	0.041	0.620	2.848	0.014
交通通信 Y_5	-0.027	0.024	—	-1.156	0.269
城市化率	0.246	0.048	0.816	5.094	0.000
文化教育娱乐 Y_6	0.092	0.052	—	1.750	0.104
城市化率	0.007	0.107	0.018	0.065	0.949
医疗保健 Y_7	-0.125	0.011	—	-11.736	0.000
城市化率	0.421	0.022	0.983	19.424	0.000
其他商品与服务 Y_8	0.040	0.006	—	7.207	0.000
城市化率	-0.028	0.011	-0.564	-2.463	0.029

表 4-5　　　　城市化率与农村居民消费结构回归参数估计表

消费结构	拟合优度 R^2	F	Sig
食品消费 Y_1%	0.975	512.793	0.000
衣着消费 Y_2%	0.369	7.612	0.016
居住消费 Y_3%	0.750	39.036	0.000
家庭设备用品及服务 Y_4%	0.384	8.098	0.014
交通通信消费 Y_5%	0.666	85.428	0.000
文化教育娱乐 Y_6%	0.000	0.004	0.949
医疗保健消费 Y_7%	0.967	377.275	0.000
其他商品与服务 Y_8%	0.318	6.056	0.029

4. 模型结果及分析

根据灰色关联分析方法中关联度系数与关联度的计算公式，根据 2003—2017 年湖北省城市化率与农村居民消费的相关数据（见表 4-2），计算出湖北省城市化率与八大类居民消费结构的关联度，实际数据处理如下：

（1）确定参考序列 X_i 与比较序列 Y_j，假设城市化率 X_i 为参考序列，食品、衣着、居住、生活用品及服务、医疗保健、交通通信、文化教育娱乐用品及服务、其他商品与服务为比较序列 $Y_j, j = 1, 2, L, 8$，则依据（式 4-4）与（式 4-5）可得到如下矩阵。

$$X_i = [0.42\ 0.43\ 0.43\ 0.44\ 0.44\ 0.44\ 0.45\ 0.46\ 0.50\ 0.52\ 0.54\ 0.55\ 0.56\ 0.57\ 0.58]$$

$$Y_j = \begin{bmatrix} 930.98 & 1076.35 & 1192.26 & 1278.8 & 1479.04 & 1711.34 & 1668.35 & 1763.05 & 1954.62 & 2154.01 & 2308.45 & 2724.1 & 2952.69 & 3295.3 & 3332.38 \\ 80.19 & 93.52 & 125.01 & 146.69 & 168.64 & 187.07 & 195.45 & 217.61 & 272.12 & 316.41 & 347.67 & 495.73 & 549.14 & 568.71 & 626.4 \\ 223.41 & 274.1 & 310.27 & 377.2 & 434.91 & 651.5 & 702.62 & 816.42 & 1086.86 & 1206.16 & 1415.73 & 1944.56 & 2150.27 & 2407.9 & 2512.27 \\ 73 & 75.11 & 110.04 & 135.53 & 166.25 & 234.92 & 229.32 & 262.26 & 359.57 & 397.86 & 425 & 574.31 & 599.92 & 669.01 & 706.2 \\ 95.55 & 110.73 & 135.37 & 172.4 & 178.77 & 290.44 & 307.22 & 331.35 & 414.36 & 496.1 & 605.95 & 816.43 & 1218.42 & 1381.37 & 1384.68 \\ 122.05 & 162.65 & 223.16 & 246.07 & 281.12 & 267.13 & 281.68 & 288.12 & 341.87 & 394.63 & 407.42 & 1010.19 & 1118.15 & 1156.6 & 1330.67 \\ 223.92 & 245.68 & 271.86 & 292.3 & 284.13 & 210.36 & 236.31 & 295.24 & 438.2 & 591.87 & 624.4 & 907.33 & 985.09 & 1213.47 & 1438.32 \\ 52.53 & 50.85 & 62.23 & 83.24 & 97.13 & 97.13 & 104.29 & 116.73 & 143.14 & 169.68 & 144.9 & 208.28 & 229.48 & 245.94 & 301.59 \end{bmatrix}$$

（2）初值化变换。对参考序列 X_i 与比较序列 Y_j 进行无量纲化处理，得到初值变换矩阵。

$$X'_i = [1.00\ 1.01\ 1.03\ 1.04\ 1.05\ 1.05\ 1.08\ 1.10\ 1.18\ 1.23\ 1.27\ 1.30\ 1.33\ 1.35\ 1.38]$$

$$Y'_j = \begin{bmatrix} 1.00 & 1.16 & 1.28 & 1.37 & 1.59 & 1.84 & 1.79 & 1.89 & 2.10 & 2.31 & 2.48 & 2.93 & 3.17 & 3.54 & 3.58 \\ 1.00 & 1.17 & 1.56 & 1.83 & 2.10 & 2.33 & 2.44 & 2.71 & 3.39 & 3.95 & 4.34 & 6.18 & 6.85 & 7.09 & 7.81 \\ 1.00 & 1.23 & 1.39 & 1.69 & 1.95 & 2.92 & 3.14 & 3.65 & 4.86 & 5.40 & 6.34 & 8.70 & 9.62 & 10.78 & 11.25 \\ 1.00 & 1.03 & 1.51 & 1.86 & 2.28 & 3.22 & 3.14 & 3.59 & 4.93 & 5.45 & 5.82 & 7.87 & 8.22 & 9.16 & 9.67 \\ 1.00 & 1.16 & 1.42 & 1.80 & 1.87 & 3.04 & 3.22 & 3.47 & 4.34 & 5.19 & 6.34 & 8.54 & 12.75 & 14.46 & 14.49 \\ 1.00 & 1.33 & 1.83 & 2.02 & 2.30 & 2.19 & 2.31 & 2.36 & 2.80 & 3.23 & 3.34 & 8.28 & 9.16 & 9.48 & 10.90 \\ 1.00 & 1.10 & 1.21 & 1.31 & 1.27 & 0.94 & 1.06 & 1.32 & 1.96 & 2.64 & 2.79 & 4.05 & 4.40 & 5.42 & 6.42 \\ 1.00 & 0.97 & 1.18 & 1.58 & 1.85 & 1.85 & 1.99 & 2.22 & 2.72 & 3.23 & 2.76 & 3.96 & 4.37 & 4.68 & 5.74 \end{bmatrix}$$

(3) 计算关联度系数 $r_j(i)$。根据初值变换矩阵计算并得到关联度系数矩阵。

$$r_j(i) = \begin{bmatrix} 1.00 & 0.98 & 0.96 & 0.95 & 0.92 & 0.89 & 0.90 & 0.89 & 0.88 & 0.86 & 0.84 & 0.80 & 0.78 & 0.75 & 0.75 \\ 1.00 & 0.98 & 0.93 & 0.89 & 0.86 & 0.84 & 0.83 & 0.80 & 0.75 & 0.71 & 0.68 & 0.57 & 0.54 & 0.53 & 0.50 \\ 1.00 & 0.97 & 0.95 & 0.91 & 0.88 & 0.78 & 0.76 & 0.72 & 0.64 & 0.61 & 0.56 & 0.47 & 0.44 & 0.41 & 0.40 \\ 1.00 & 1.00 & 0.93 & 0.89 & 0.84 & 0.75 & 0.76 & 0.72 & 0.64 & 0.61 & 0.59 & 0.50 & 0.49 & 0.46 & 0.44 \\ 1.00 & 0.98 & 0.94 & 0.90 & 0.89 & 0.77 & 0.75 & 0.73 & 0.68 & 0.62 & 0.56 & 0.47 & 0.36 & 0.33 & 0.33 \\ 1.00 & 0.95 & 0.89 & 0.87 & 0.84 & 0.85 & 0.84 & 0.84 & 0.80 & 0.77 & 0.76 & 0.48 & 0.46 & 0.45 & 0.41 \\ 1.00 & 0.99 & 0.97 & 0.96 & 0.97 & 0.98 & 1.00 & 0.97 & 0.89 & 0.82 & 0.81 & 0.70 & 0.68 & 0.62 & 0.57 \\ 1.00 & 0.99 & 0.98 & 0.92 & 0.89 & 0.89 & 0.88 & 0.85 & 0.81 & 0.77 & 0.82 & 0.71 & 0.68 & 0.66 & 0.60 \end{bmatrix}$$

(4) 计算灰色关联度 ξ。根据关联度系数矩阵得到八大类消费支出结构的灰色关联度，见表 4-6。灰色关联度等级如表 4-7 所示。

表 4-6　　　　2003—2017 年湖北省城市化率与农村
居民消费结构灰色关联度

消费层次	消费结构	灰色关联度 ξ
生存型消费	食品消费 Y_1	0.6328
	衣着消费 Y_2	0.8586
	居住消费 Y_3	0.6474
发展型消费	家庭设备用品及服务 Y_4	0.6547
	交通通信消费 Y_5	0.7315
享受型消费	教育文化娱乐 Y_6	0.5857
	医疗保健消费 Y_7	0.6621
	其他商品与服务 Y_8	0.7068

表 4-7　　　　　　　灰色关联度等级表

关联度等级	弱关联	中等关联	较强关联	极强关联
灰色关联度 ξ	0.00—0.35	0.35—0.65	0.65—0.85	0.85—1

由表 4-6 的计算结果来看，湖北省城市化率与农村居民消费八大类支出结构的关联度除了食品消费居住消费和教育文化娱乐消费低于 0.65 以外，其余各项消费均高于 0.65，这说明了湖北省城市化率与农村居民主要消费支出结构之间具有较强的关联性。尽管城市化率对农村居民八大消费支出结构影响各有不同，但总体上关联度均高于 0.6。其中，2003—2017 年湖北省城市化率对农村居

民消费结构的关联度依次排序为：衣着消费类、交通通信类、其他商品与服务类、医疗保健消费类、家庭设备用品与服务类、居住消费类、食品消费类、教育文化娱乐类。

由上述结果可以看出，城镇化的不断发展对湖北省农村居民消费结构有较大影响，城市化率对衣着消费类影响程度最大，灰色关联度等级达到极强。城市化率对交通通信类、其他商品与服务类影响程度次之，两者灰色关联度等级均达到较强关联，这说明农村居民消费不断从生存型消费向发展型消费，甚至享受型消费进行转变。湖北省农村恩格尔系数不断降低，2003—2017 年湖北省农村恩格尔系数从 51.67% 下降到了 28.65%，这表示食品类支出在农村居民消费性支出中不再处于主要地位，而城市化率与衣着类支出关联度等级达到了极强，农村居民消费已经不再满足于解决温饱问题的食品消费而是转向衣着类的物质享受。随着城镇化的发展，农村地区的交通设施如公路、铁路等与通信设施都得到了较大的改善，出行方式的多样化与信息网络化促使农村居民更加重视交通工具与信息交流等高科技通信工具，交通通信在农村居民生活中逐步占据重要的位置。

湖北省城市化率与居住类、家庭设备用品与服务类的灰色关联度为 0.6474（可近似看作 0.65）、0.6547，根据表 4-7 中灰色关联度等级得知，两者的关联度均较强，城镇化的快速发展为进入城镇的农村居民提供了更多的就业机会，这使得农村居民收入不断增加，为了给家人提供更好的生活条件，农村居民会着重改善农村居民居住环境与完善家庭基础设备，农村居民不仅会在自家房屋上加盖还会翻新原有装修，与此同时，太阳能热水器、空调等新型家电也逐渐进入了农村居民家庭。因此，农村居民在居住类和家庭设备用品与服务类支出较多，同城镇化发展关联度较强。

在享受型消费中，湖北省城市化率同医疗保健消费、其他商品与服务的关联度分别为 0.6621、0.7068，两者均呈现较强关联，这说明城市化率同医疗保健消费、其他商品与服务类支出关系密切，随着农村居民健康保障意识的不断增强与湖北省新型农村合作医疗制度建设的不断推进，农村居民医疗保健消费不断增长，农村居民人均医疗保健消费从 2003 年的 95.55 元不断增长到了 2017 年的 1438.32 元，年平均增长率达到 20.95%。湖北省农村居民的消费观念不断转变，不仅只满足于物质需求，还注重精神生活与自身健康发展。

4.3　城镇化进程中的老龄化因素

4.3.1　人口老龄化、城镇化与居民消费理论

西方国家因工业革命而引发了一系列经济、社会变动，居民财富大为提高。西方经济学家很早就关注到城镇化与消费之间的关系。

Duesenberry（1949）从消费的角度出发，分析了农村劳动力转向非农产业的问题。他发现，当农产品已经满足了农村的需求之后，就会向需求更高的工业生产部门转移，这直接提高了城市化率。同时，农村劳动力进入城镇后一样会受到城镇的影响，从而改变消费习惯，最终向城镇消费水平看齐，提高了整体的消费水平。刘易斯（Lewis，1955）分析发展中国家的工业、农业并存的二元结构时，认为城镇化的驱动力在于城乡之间收入的差距，城市工业部门能够很好地吸收来自农村大量的剩余劳动力，从而带动整个消费水平的提高。Ye 和 Qin（2009）认为城镇化水平提高能够改善农村的基础设施，提高农村的信息化水平，从而能够更快捷地获取更新的消费信息，从而提高农村的消费水平。新经济地理学派（Fujita，M. Krugman，P. Venables，2000）认为，空间内的集聚和经济增长互为内生，因城镇化而增长的人口和增多的资源在区域集中会产生正外部性，同时"规模效应"等积极因素会促进经济增长和消费水平的提高。

蔡昉等（1999）认为城镇化会促进市场的成熟，使市场机制更为完善，优化市场结构，促进消费的有效升级，扩大总需求，同时还会改变农村地区的消费习惯，提高了农村地区的消费水平。刘艺荣（2005）认为城镇化水平严重滞后的情况下，如果仅有政府宏观调控，作用不会尽如人意，达到社会预期。在面对城乡二元结构尚未明显改变的前提下，提高城镇化水平和质量，实行新型城镇化的决策，注重城乡一体、总体规划与统筹才能提高城乡居民的消费水平。马丽、王国庆（2018）利用宁夏 2000—2015 年的面板数据，通过计算参考序列与比较序列的关联系数发现宁夏消费结构趋于优化，城镇化对农村居民的消费支出具有明显的影响。江逸（2018）认为小城镇建设对农村消费的影响是全面

的，加大小城镇建设力度，是扩大农村消费的一个有效途径。林霜（2018）认为自从我国提出新型城镇化战略后，对居民消费率具有明显影响，并且在实证分析中证实了他的观点，即新型城镇化会刺激居民消费的提高，但是面对城乡之间的差距，对农村地区的拉动力明显不如城镇地区。刘东皇、王志华、郑宝华（2018）的联合研究认为，城镇化是影响我国居民消费率的一个重要因素，表现为消费率随着城镇化水平的提高而先降低再上升的"U型"影响，并且我国目前的城镇化进程对居民消费是正面影响。韩丽红（2018）使用省际短期面板数据进行分析后发现，城镇化对居民消费存在着促进效应，其效应大小与该区域的经济发展水平有着密切关系。

也有一些学者认为城镇化与农村居民消费之间的关系不明显或为约束关系。如国务院发展研究中心（2010）的研究认为，当农村劳动力无法获得城市户籍或无市民身份的时候，人们更倾向于储蓄而不是消费，会尽其所能节省开支增加存款。这种消费模式单一、内容匮乏、水平低下、低质量的城市化，成为约束中国内需拉动经济增长的一大因素。

综合国内外学者的观点，大多数学者基本肯定城镇化能够对农村地区消费起到一个提振的作用。在国内，研究多处于国家级层面进行定量分析，较少涉及省际数据。分析主体时也未将城乡居民分开，而是看作一个整体。农村地区的消费水平无论是总量还是增长幅度都长期落后于城镇地区，对广大的农村地区重视程度不足，不利于乡村振兴战略的进一步推进。本书利用省际的面板数据，进行数据分析，结合实际，从而提出一些有益的建议。

1. 人口老龄化含义

人口老龄化是指新生人口生育率降低和老年人口增多从而导致在总人口中老年比例逐渐增加的动态过程。这一是指老年人口逐渐增多，在总人口中占比不断上升；二指社会的年龄结构呈现出老年状态，进入了老年化社会。国际上一般以60岁10%或65岁7%为分界点，即60岁以上老年数量占到总人口数的10%或是65岁以上老年人口占总人口数的7%，这就表明这个国家或地区进入了老龄化社会。

人口转变理论最早在兰德里的学术思想与论著中体现。他将人口的发展阶段与经济发展阶段结合起来，划分为三个阶段，即原始阶段、发展阶段、成熟阶段。随后，汤普逊依据兰德里理论，试图解释19世纪以来发达国家的人口变动情况。他认为随着经济发展和科学医疗卫生技术获得了技术上的突破，世界人口的增长大体经历了高出生率、高死亡率、死亡率下降但出生率保持高企和三率下降的三阶段。

1945年美国人口学家诺特斯坦论证了人口转变的经济根源，把现代社会的工业化和城镇化进程作为人口转变的根本原因。现代生活质量的迅猛提高、新的医疗技术出现、健康理念的推广等原因，导致了人口死亡率的下降。城市的快节奏、繁忙、充满竞争的生活方式，使家庭更为重视子女的教育，教育支出费用增长，尤其在妇女教育方面，其教育水平和学历提高，带来了妇女群体的就业率提高，在一定程度上摒弃了传统的家庭生育观念，使得人口生育率开始下降。诺特斯坦大胆预言世界各地区都会经历如下的人口转变过程：人口加速增长而构成的人口压力，阻碍这些地区经济的发展。他证明的转变理论，不仅适用于发达国家，也适用于发展中国家和地区，这是世界各国的生产力与经济得到发展的必然结果。他把由农业社会向工业社会转化的人口转变过程分为四个阶段：第一阶段为农业社会末期，开始进入工业化社会前的准备阶段，高出生率、高死亡率，但死亡率处于波动状态，人口自然增长率低；第二阶段为刚刚进入工业化阶段，处于早期阶段，死亡率呈现出下降趋势，但出生率保持稳定，由此人口自然增长率提升，人口开始迅速增长；第三阶段为工业化社会加速时期，工商业进一步发展，科学技术有了一定进步导致死亡率继续下降，生活观念和成本的提高以至于出生率开始下降，人口自然增长率仍然很高；第四阶段为成熟时期，呈三低水平。

2. 中国老龄化现状

第六次全国人口普查公报结果显示，60岁以上人口比例为13.26%，比上一次普查上升了2.93%；65岁以上人口比例为8.87%，比上一次普查水平上升了1.91个百分点。而从2018年统计数据能够看出，2017年末65岁以上人口占比达到了11.39%。虽然我国老年人口的增长率目前不高，但是由于我国的人口基数大，总体人口体量巨大，2011年人口总数为12288万人，到了2017年扩大到了15831万人，随着时间的流逝，老年人口总量会不断上升，将在2030—2050年间为高峰期。

中国经济存在着城乡二元结构这一特殊现象，城镇的经济产出与基础社会完善程度远高于农村，吸引着农村人口大量流入城镇，使得城镇的老年抚养比基本低于农村的老年抚养比，如表4-8所示。

表4-8　　　　　　　　　　城镇乡村老年抚养比表

年份	城镇	乡村
2002	11.32%	11.96%
2003	12.37%	12.15%
2004	12.02%	12.05%
2005	11.40%	13.94%
2006	11.72%	13.65%
2007	12.19%	13.66%
2008	12.47%	13.82%
2009	12.82%	13.73%
2010	9.59%	14.21%
2011	10.05%	14.62%
2012	10.26%	15.04%
2013	10.59%	15.93%
2014	11.37%	16.55%
2015	11.70%	17.49%
2016	12.41%	18.38%

3. 老龄化对居民消费的影响

当居民在退休以后，其收入水平大不如以前，需要依靠着养老金、年轻时留存下来的存款以及子女提供的养老费用。在人生的晚年时期，其消费行为会有所改变，从追求新异转变为实用性为上。人口老龄化的持续加重会改变居民的消费，老年人会将年期时期的存款和所得养老金用于消费，再加上子女的赡养费用，其总体的消费水平会上升。但实际情况可能会与生命周期理论产生冲突，需要结合实际情况进行分析。

依据生命周期理论，老年人会消耗掉年轻时期的存款进行消费，但是会有以下几点阻碍着老年人的消费意愿。

第一，为今后养老生活而进行的预防性储蓄。人到老年，身体素质下降从而影响身体健康；社会保障体系不完善，养老服务跟不上老年人的需求，社会的状况等都会影响老年人的消费意愿。老年人在消费时会想着"如果把存款花光了将来生病了怎么办"，未来的不确定使老年人减少消费，增加预防性储蓄。

第二，老年人的消费倾向于实用性、经济性和耐用性，考虑的因素十分多，比较谨慎理智。他们本着"能用就行、节俭过日子"的消费观念，相对于年轻时期消费意愿会有所降低。

第三，经济水平一定的情况下，老年抚养比的提高会促进医疗保健等养老产业的发展，但是其占用了一定的社会资源，加重了社会负担。

结合我国的实际情况来看，老龄化会对农村居民消费产生如下的影响：

我国的医疗保健和养老体系不健全，老年人对未来存在着极大的不确定性预期。养老金在部分地区"入不敷出"，再加上媒体渲染养老金亏空亏损等，会让我国的老年人尤其是农村地区的老人认为将来无法按时足额地领取养老金，从而减少了消费，增加储蓄。另外我国人均医疗资源紧缺，同时农村居民对商业保险认识不足，仅依靠医疗保险难以承受巨额的医疗费用。这些都加重了老年人的焦虑情绪和对未来的不确定感。

新中国成立以来执行的"计划生育"政策，导致了现在的年轻人基本上没有兄弟姐妹，年轻人的赡养费用比较高，一般情况下，一对夫妇要赡养多位老人，为了保持正常的生活，年轻人就会减少消费。

中国人讲究"家产"，当老人即将走向人生尽头的时候总会对子女吩咐遗产的处理方式，一般来说都会把自己的遗产赠予子女。老年人基于疼爱子女的动机，会将生活过得尽量节俭，除去必要的生活资料消费外，所有的钱基本会存入银行形成储蓄。再者，老年人可以用遗产这一要素牵制子女，要求子女尽到赡养的义务，孝顺老人，也会减少不必要消费以增加储蓄。

"啃老"现象的出现使得老年人的消费减少。"啃老"是指子女能够工作赚钱并养活自己，但依然依靠父母长辈生活的行为。很典型的例子就是子女在城市工作，而父母长辈会将自己的养老金、储蓄等给子女作为买房的资金。生活压力的增大使得更多的年轻人更多地依靠长辈。"啃老"的蔓延使得老年人的储蓄并不用于自身消费，而是用于子女，再者年轻人过于依赖老年人，滋生了懒惰等习性，对工作的积极性不高，从而影响了自身的收入，导致消费的下降。

4.3.2　城镇化进程中老龄化省际分析

1. 数据来源

本书选取的对象是除去我国香港、澳门特别行政区和台湾之外的全国31个省市区 2014 年至 2017 年的面板数据，选取面板数据的好处在于便于控制个体的异质性、数据信息量更大、便于动态调整。

需要用到的数据包括农村居民消费率、可支配收入增长率、老年抚养比、老龄化水平、城镇化水平、城乡收入差距比、第三产业占比、社会保障支出占财政支出比重、存款法定利率等。其中农村居民消费率、农村人均可支配收入、城乡收入差距比、第三产业占比、社会保障支出占财政支出比重、存款法定利率等数据来源于 2015—2018 年的《中国统计年鉴》。老年抚养比、老龄化水平来自国研网统计数据库。各个数据的计算方式、简称和定义见表 4-9。

表 4-9　　　　　　　　变量计算、定义表

变量	简称	定义
农村居民消费率	CONS	农村居民消费支出占按支出法计算的 GDP 总量的比重
可支配收入增长率	PCDIR	当期的农村居民可支配收入占上一期可支配收入的比重
老年抚养比	ODR	65 岁以上人口占劳动人口的比重
老龄化水平	RIA	65 岁以上人口占总人口比重
城镇化水平	CITYLE	城镇常住人口占该地区常住总人口的比重
城乡收入差距比	INCR	城乡居民人均可支配收入的比重
第三产业占比	TER	第三产业产值占区域经济总量的比重
社会保障支出占财政支出比重	SSL	社会保障支出与当年财政支出的比值
存款法定利率	R	银行存款活期利率
居民消费价格指数	CPI	代表性商品与劳务服务的价格变动
GDP 增长率	GDPR	当年经济总量与上一年经济总量的比值

由于省际面板数据的数据量比较大，所以为便于描述数据，将在同一时间内的不同省份的数据取平均值来描述变量，从时间变化的角度进行描述。

（1）农村居民消费率与城镇居民消费率。农村居民人均消费率远低于城镇居民人均消费率，2017 年农村居民消费率仅 8.89%，而同期的城镇居民消费率达到了 29.49%，是农村居民的 3 倍多。但是从城乡两者看，其消费总量都在上升，得益于持续发展的经济和不断增加的收入。

（2）可支配收入增长率。城镇居民的人均收入增长率略低于农村居民的可支配收入增长率，但是城镇居民的基数比较大，增加额比农村居民大，这几年农村居民的可支配收入增长快于城镇居民，得益于国家和社会对农村的重视，

众多措施的提出与实施使得农村居民的收入水平在将来能够更快增长。

（3）老年抚养比与老龄化水平。从表4-8能够看出随着时间的流逝，城镇于乡村老年抚养比和老龄化水平都在上升，这是由于经历了人口生育高峰期的人口到了今天已经逐渐走向老年，新生劳动人口增长不足，劳动人口随着时间减少，所以这两项占比会逐渐上升，预计在2050年左右达到高峰，那时国家和社会的养老压力将达到最大。

（4）城镇化水平、城乡收入比和第三产业占比。从城乡收入比来看，2014年为2.61，2017年为1.86。随着农村居民收入增长速度领跑于城镇居民收入增长速度，其在收入值上的差距随着时间的推移会变小，最终达到一个平衡的状态，我国的收入分配也将更为公平。

（5）社会保障支出占财政支出比重、居民消费价格指数和GDP增长率。近期居民消费价格指数基本稳定在101%—102%，呈稳定状态。我国的社会保障支出占财政支持比重呈逐年上升的状态，由2014年的11.95%上升到2017年的13.90%，表明随着老龄化的加深，养老金、医疗保险等方面的社会保障支出会逐年增多，从长期看其占财政支出的比重会越来越高。

2. 面板数据统计分析

考虑如下模型：

$$y_{it} = x'_{it}\beta + u_{it} \tag{式4-7}$$

$$u_{it} = a_i + \varepsilon_{it} \tag{式4-8}$$

其中，$i = 1, 2, \ldots, N$；$t = 1, 2, \ldots, T$；x'_{it}为$K \times 1$列向量，K为解释变量个数，β是K维列向量。对于个体i而言，a_i表示不随时间而改变的影响因素，而这些因素很难由数据直接测量或者观测而得出，如消费习惯、观念以及国家制度等。对于这些主要有两种处理方式：第一种是将其看作不随时间改变的固定性因素，为"固定效应"模型；另一种是看作随机因素，为"随机效应"模型。

两种模型的差异主要体现在对个体i的处理方式上。固定效应模型的个体差异反映在每个个体都有特定的截距项，而随机效应模型的个体都有一个共同的截距项。立足于此，当样本来自一个较小范围的时候，应该使用固定效应模型，而样本来自大范围的时候，应当使用随机效应模型更为合适。例如在研究中国某个问题的时候，全国31个省市区为研究对象，这31个省市区就代表了一个较小范围，同时也能够假定在样本内，各个地区的经济结构、社会状况、人口素质等方面无法测量的因素是固定的,因此采用固定模型更为合适。而如果研究的是武汉市居民的消费行为、投资行为或其他行为,即使样本数设定为一万人,但相较于武汉市千万人口来说仍是一个较小样本,则可以判定不同的居民在能力、观念、习惯等方面的差异是随机的,使用随机效应模型较为合适。

在实证模型中,被解释变量为农村居民消费率CONS,核心解释变量为Core,其中包括了:可支配收入增长率(PCDIR)、老年抚养比(ODR)、老龄化水平(RIA)、城镇化水平(CITYLE)、城乡收入差距比(INCR)、第三产业占比(TER)、社会保障支出占财政支出比重(SSL)、存款法定利率(R)、居民消费价格指数(CPI)、GDP增长率(GDPR)。

最终的面板数据模型见(式4-9)所示:

$$CONS_{it} = \beta_0 + \beta_1 core_{it} + \mu_{it} + \varepsilon_{it} \tag{式4-9}$$

在(式4-9)中,it 为 i 省份 t 年;μ 为固定效应;ε 为随机误差项。$i=1$,2,…,31;$t=2014$,2015,2016,2017;β 为各因素系数。

控制变量中,选取GDP增长率GDPR为促进因素,由于在经济的发展中,劳动者不会放弃通过劳动获得更高收入的机会而选择闲暇;城乡收入差距比INCR为促进因素,原因在于城镇的收入与消费均高于农村,对农村居民来说具有一种吸引力,促使他们向城镇看齐,提高收入和消费;第三产业占比TER为促进因素,由于第三产业能够吸收更多的劳动力,对农村居民收入增长具有促进作用,同时也能够促进农村居民的消费。

限制性因素中选取老龄化水平RIA,由于随着时间的推移,劳动人口逐渐减少和老年人口的增多,农村的年轻居民为了赡养老人,会减少支出,从而导致消费水平的下降。

3. 统计结果描述

表4-10是所有变量的描述性统计的所有情况。

表4-10　　　　　　　　变量的基本描述

变量	算术平均	标准差	最小值	最大值
CONS	0.093673	0.032325	0.024355	0.155457
PCDIR	1.094139	0.021379	0.985418	1.194464
ODR	0.140141	0.0295	0.0701	0.206

续表

变量	算术平均	标准差	最小值	最大值
RIA	0.102236	0.021193	0.049839	0.142795
CITYLE	0.570335	0.123802	0.2575	0.896
INCR	2.426629	0.478796	1.332178	3.473839
TER	0.476831	0.086702	0.354	0.806
SSL	0.129236	0.032686	0.072526	0.274734
R	0.0035	0	0.0035	0.0035
CPI	1.017065	0.004687	1.006	1.032
GDPR	1.07821	0.018627	0.975	1.11

实证方法选取 Hausman 检验来决定使用随机效应模型还是固定效应模型，经过检验，Hausman 检验的卡方检验 chi2 值为正，说明检验有效；P 值为 0，拒绝随机效应模型的原假设。其各个变量在混合效应模型、固定效应模型和随机效应模型的结果见表 4-11。

由于 2014—2017 年中国人民银行法定存款活期利率保持不变，所以在模型计算中，常数项差分计算为 0。

表 4-11　　　　　　　模型实证结果

解释变量	混合效应模型	固定效应模型	随机效应模型
PCDIR	0.9277829	0.0020444	0.0224761
ODR	-0.0836994	-0.0735892	0.1218265
RIA	0.1928331	0.1513563	-0.0863406
CITYLE	-0.0280986	0.0123017	-0.0698161
INCR	0.0050722	0.0055291	0.0037802
TER	0.0701344	0.1340536	0.0834731
SSL	0.1119104	0.0336293	0.0943721
R	0	0	0
CPI	0.0100421	0.0908665	-0.1111925
GDPR	0.0054105	-0.0394469	0.0048149
sigma_u	0.0178661	0.0408395	0.01743716
sigma_e	0.004655	0.0048649	0.00486488
F 统计量	172.83	49.6	无
Hausman	Chi2 = 629.71，Prob（chi2）= 0		

4.3.3　实证结果分析

根据表 4-11 可知，在控制了一系列的促进因素和抑制因素后，老年抚养比与农村居民消费率存在着显著的递减关系，即当老年抚养比上升 1%，将影响农村居民消费率下调 7.36%，说明在农村地区，老年人口的增多会加大当地的养老压力，在收入一定的情况下，年轻人不得不精打细算减少开支，体现出负效应。老龄化水平的提高，说明社会养老支出增长，农村地区老年人增多，年轻人为赡养老人，必然增加相应的养老支出，呈现出正向的关系，即老龄化水平提升 1%，农村居民消费率上升 15.13%。同理，在控制了一系列因素后，城镇化水平的提高对农村地区的消费率具有正向效用，即城镇化水平每提高 1%，能够为农村居民消费率提振 1.23%，这说明城镇化在促进城市经济发展的同时，还通过"分散效应""积聚效应"和消费习惯影响等影响着农村地区居民，城镇化的深入，为农村居民提供了为数众多的就业岗位，提高了他们的收入，从而带动农村地区的消费。

农村居民可支配收入增长率与城乡收入差距与农村居民消费率体现出了正向的关系，这与理论分析的结果基本一致，具体来看，当农村居民可支配收入增长率每上升 1%，能够提高农村居民消费率 0.02%，与收入越高消费越高的结论基本一致。在城乡差距每提升 1% 的时候，农村居民消费率提高 0.06%，说明城乡收入差距越大，城乡生活水准越大，为了紧跟时代不落后，必然刺激着农村地区的劳动人口的求富欲望，通过各种增收方式来满足他们的消费意愿。

第三产业占比和社会保障支出占财政支出比重与农村居民消费率有着积极的关系。第三产业工作岗位充足，工资较为客观，第三产业越发达，能够为农村居民提供更多的增收的机会，而且随着文教娱乐、体育、养老等产业的兴起与成熟，进一步满足了农村居民的消费欲望，增加了相应的娱乐、发展支出。体现在数值上就是当第三产业占比每提升 1%，农村居民消费率能提高 13.4%。社会保障支出占财政支出比重的提升，表明社会保障体系愈发完善，使得农村居民对未来更有信心，消除了不稳定因素，"老有所依"使得农村居民更为放心消费，充分发挥出社会"安全网"和"兜底"的作用，表现为社会保障支出占财政支出比重每提升 1%，农村居民消费率提高 3.36%。

CPI 的提高表示消费价格的上升，近几年各省市区的 CPI 缓慢上升，农村地区每年的消费总支出体现在价格上也会提高。利率并不影响农村居民消费率，GDP 增长速度与农村居民消费率呈负相关关系，但这关系并不明显。

总的来说，对农村居民消费率产生影响的因素众多，糅合了政治、经济、人口等诸多方面。在本书的背景下，老龄化水平和城镇化水平的提高，都能增加农村居民消费。

4.4 城镇化进程中"农转非"居民幸福感

4.4.1 "农转非"居民的城镇化

党的十八大提出了全面建成小康社会的发展目标，让人民共享改革开放的发展成果。习近平总书记（2015）在中央全面深化改革领导小组的讲话中首次提出"获得感"一词，表示要提高改革含金量，增加人民获得感。幸福感作为衡量人民生活状态的主观感受标准，是判别经济社会发展中人民获得感的重要内容。城镇化是现代化进程的必然产物，是解决"三农"问题的重要途径，农村城镇化以农民变为市民的方式分享改革开放的发展成果，人民生活水平随之提高。然而更多的现实问题和相关研究提出，这一部分因城镇化走出农村的"农转非"居民的幸福感却没有明显增加，并因为其失去土地以及难以适应城市生活而降低了原本的生活水平（王慧博，2010）。聂鑫（2013）以阿玛蒂亚·森可行性能力为理论基础，运用结构方程模型对失地农民多维福祉的直接和间接影响因素进行了实证研究，认为工作状态和补偿公平是影响失地农民多维福祉水平的重要因素。也有学者在区分了城市原住居民和城市"农转非"居民之后进行了贫困发生率的对比，提出后者有更高的贫困发生率，市民化所带来的收益相对较小（蒋和超，2017）。城镇化进程中"农转非"居民生活状态前后差异的研究依然缺乏，如何探寻城镇化前后"农转非"居民幸福感的影响因素，并提出相应的对策建议就显得尤为重要。

众多学者从多个视角对我国城镇化进行了问题分析和对策的探讨。城乡二元结构作为我国体制因素和经济发展阶段共同作用下的产物，严重阻碍了贫困地区城镇化发展，扩大了城乡收入差距（陈斌开，2013）。在经济发展步入新常态背景下，破除城乡二元体制是实现贫困地区城镇化，推动城乡一体化发展的必然选择。为此，国务院发展研究中心（2014）提出了五点推动城乡二元结构向城乡发展一体化转变的思路和对策：一是从解决"三农"问题视角和释放国民经济增长潜力视角完成思路转变；二是构建保障农民公平分享土地增值收益的统一用地市场；三是构建缩小城乡收入差距的就业市场；四是构建普惠"三农"的农村金融市场；五是构建城乡资源均衡配置的公共服务体系。罗超平等（2015）结合"一带一路"倡议提出，城镇化应该抓住机遇，提升人力资本质量，完善包括社会管理、市场制度、投融资体制和城乡协同管理等在内的相关制度和政策创新。土地资源作为城镇化的基本要素，土地出让行为在一定程度上关系到城镇化的进程和质量，基于企业集聚效应和城市经济模型分析，雷潇雨（2014）认为最优的土地出让策略是低价出让工业用地、高价出让商业用地，从而降低企业成本以吸引企业集聚生产，提高政府财政收入和公共支出，进而实现城镇化。

人的城镇化是提高幸福感的关键所在。城镇化是一个综合性、多层次的概念范畴，其本质和核心是人的城镇化，与"物的城镇化"相比，"人的城镇化"更加注重农民变更为市民之后的幸福状态，或者是脱贫状态，实现自我生存和发展的稳定状态。以资源为导向的人口流动是经济发展和推动城镇化的必然规律，而限制人口流动则会产生城乡收入差距，以户籍制度为典型代表的体制障碍，使得外来从业人员与城市户籍从业人员的"二元"差别待遇日益显现，因此需要构建"淡化"户籍制度（顾海英，2011）。这些制度本身就包含了依靠城镇化解决贫困的思路。

贫困也是影响幸福感的重要因素。当前，贫困问题成为我国经济社会发展需要解决的关键问题，反贫困任务依然艰巨，具体表现在贫富差距持续加大、农村社会发展指标全面落后于城镇、东中西部区域发展严重不平衡。阿马蒂亚·森认为，贫困是对基本能力的剥夺而不仅仅是收入低下。这也成为多维贫困的理论基础。宋扬（2015）通过等值规模调整，实证分析了我国贫困的现状和特征，并认为没有经过等值规模调整（即没有考虑家庭资源共享等情况）所测量出来的贫困率高估了我国的贫困水平。陈宗胜等（2013）则通过构建"相对贫困线"提出了经济持续发展状态下贫困线的相对下降是造成贫困率不断下降的原因，从而造成贫困缓解的假象。农村及城郊地区的城镇化涉及面广，存在着各参与主体之间的利益博弈，由此而引发的经济纠纷和社会矛盾尤为普遍。农村土地的开发建设提高了土地作为耕地用途时的经济价值，但其中的绝大部分被政府和开发商占有，农民所获得的土地财产权益不足1/3。

基于以上分析，在城镇化的相关研究中，学者们对"农转非"居民的考察主要集中在城市融合和身份认同等议题（蒋和超，2017），而对城镇化进程中"农转非"居民的生活方式及幸福感研究较少。因此，探讨分析"农转非"居民的生活状态及其影响因素是本书的重点。

4.4.2 "农转非"居民幸福感观测四大维度

1. 模型设计与假设

本书构建了教育状态、工作状态、居住状态和医疗状态作为衡量幸福感的四个基本维度，其中教育状态和工作状态直接影响和通过收入状态影响幸福感，居住状态和医疗状态直接影响幸福感，具体研究模型如图4-4所示。在衡量收入状态对幸福感的影响时，收入可以直接或间接地对幸福感产生影响，其中公平就是中介途径之一。本书将收入作为影响幸福感的中介变量，目的在于展示教育和工作状态的影响程度。医疗状态与幸福感的高度相关也在众多研究中得以体现，还有教育、工作、居住环境等因素也对幸福感产生影响。

基于此，本书提出三个假设。假设1：教育状态、工作状态、居住状态、医疗状态和收入状态均对"农转非"居民的幸福感产生直接影响。假设2：教育状态和工作状态通过收入状态影响"农转非"居民的幸福感。假设3：城镇化前"农转非"居民的幸福感低于城镇化之后。

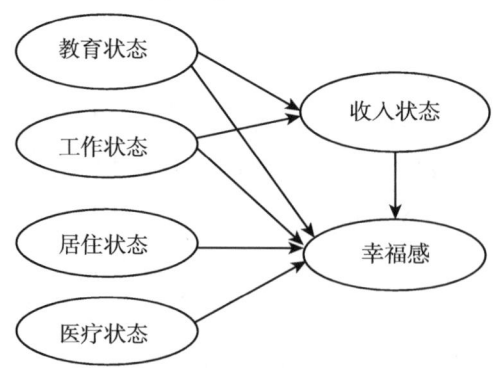

图4-4 "农转非"居民幸福感分析模型

2. 数据来源

幸福感是一个潜变量，需要通过多个观测变量进行衡量，其中个人信息层面包括性别、年龄、学历、职业和收入作为控制变量，观测变量共分为四个维度，根据文献研究和武汉"农转非"居民的实际，每个维度设置2—5个问题不等。运用李克特量表法对幸福感进行问卷设计，满意度指标为七分量表，1表示"非常不满意"，2表示"不满意"，3表示"不太满意"，4表示"一般满意"，5表示"比较满意"，6表示"满意"，7表示"非常满意"。本书以武汉城郊区域的移民小区和移民新村为调查点，以"农转非"居民为调查对象，通过随机抽样对符合"农转非"的居民进行问卷调查，共发放问卷300份，回收有效问卷274份。

3. 信度和效度分析

在进行模型分析之前，需要对问卷进行信度和效度检验，以确保问卷的可信度。利用SPSS 22.0软件分析得出Cronbach's Alpha系数为0.805，说明问卷数据具有较高的一致性和内部稳定性。对各观测变量数据进行效度分析的结果显示，KMO值为0.651，Bartlett球形检验卡方值为2151.305（p=0.000），说明数据适合进行因子分析。如表4-12所示，通过主成分分析法提取出特征值大于1的公因子11个，累计方差贡献率达69.896%，说明问卷具有较好的结构效度。

表4-12 主成分分析法的问卷特征值与方差贡献率（n=274）

公因子	初始特征值			提取平方和载入		
	总计	方差（%）	累加（%）	总计	方差（%）	累加（%）
1	5.611	16.502	16.502	5.611	16.502	16.502
2	3.268	9.613	26.115	3.268	9.613	26.115
3	2.696	7.93	34.045	2.696	7.93	34.045
4	2.245	6.604	40.649	2.245	6.604	40.649
5	2.115	6.221	46.87	2.115	6.221	46.87
6	1.776	5.223	52.094	1.776	5.223	52.094
7	1.43	4.205	56.298	1.43	4.205	56.298
8	1.354	3.981	60.28	1.354	3.981	60.28
9	1.194	3.513	63.792	1.194	3.513	63.792
10	1.074	3.159	66.952	1.074	3.159	66.952
11	1.001	2.944	69.896	1.001	2.944	69.896

4. 描述统计分析

对数据描述性统计的结果如表4-13所示，受访者以男性居多，平均年龄在37岁左右，学历以高中和专科居多。收入状态满意度由"农转非"前的3.84变为4.06，达到"一般满意"；居住状态的满意度由4.17变为5.17，达到"比较满意"；教育状态由3.60变为4.78，接近"比较满意"；医疗状态由3.83变为5.15，达到"比较满意"；工作状态由3.70变为4.87，接近"比较满意"。整体来看，农转非居民的满意度均有提高，由"一般满意"提高到"比较满意"，但也只上升了一个满意等级。

表4-13　　　　　"农转非"居民幸福感评价指标体系

变量	维度	观测变量	变量赋值	均值	标准差
自变量	工作状态	农转非前职业	1=国企；2=私企；3=公务员；4=创业；5=其他	4.39	1.04
		农转非后职业		4.57	0.9
		农转非前职业人际关系	七分量表	4.01	1.23
		农转非后职业人际关系		4.74	1.01
		农转非前工作环境	七分量表	3.76	1.21
		农转非后工作环境		4.89	1.03
	居住状态	农转非前房屋结构	1=瓦房；2=平房；3=楼房；4=高层；5=别墅	2.41	0.78
		农转非后房屋结构		3.11	0.59
		农转非前噪音污染度	七分量表	5.25	1.43
		农转非后噪音污染度		3.95	1.36
		农转非前交通通达度	七分量表	3.96	1.45
		农转非后交通通达度		5.31	1.07
		农转非前基础设施	七分量表	3.33	1.16
		农转非后基础设施		5.00	1.21
	教育状态	农转非前片区学校教育质量	七分量表	3.68	1.32
		农转非后片区学校教育质量		4.95	1.07
		农转非前文化场馆	七分量表	3.40	1.20
		农转非后文化场馆		4.88	1.13
	医疗状态	农转非前农村养老保险	七分量表	3.11	1.03
		农转非后城镇社会保险		3.76	1.18
		农转非前农村合作医疗	七分量表	3.23	0.89
		农转非后城镇医疗保险		3.95	1.05

续表

变量	维度	观测变量	变量赋值	均值	标准差
调节变量	收入状态	农转非前收入满意度	七分量表	3.84	1.17
		农转非后收入满意度		4.06	1.1
因变量	满意度	农转非前居住状态满意度	七分量表	4.17	1.21
		农转非后居住状态满意度		5.17	1.41
		农转非前教育状态满意度	七分量表	3.60	1.07
		农转非后教育状态满意度		4.78	1.06
		农转非前医保状态满意度	七分量表	3.83	1.07
		农转非后医保状态满意度		5.15	0.97
		农转非前工作状态满意度	七分量表	3.70	1.15
		农转非后工作状态满意度		4.87	1.07
控制变量	基本情况	性别	1＝男；2＝女	1.45	0.50
		年龄	受访者年龄	36.72	16.75
		学历	1＝初中及以下；2＝高中；3＝专科；4＝本科；5＝硕士及以上	2.43	1.46

4.4.3 武汉市"农转非"居民幸福感分析

在进行模型分析时，由于自变量对因变量的线性关系不显著，需要通过主成分分析法对各维度观测值进行降维处理，进而提取公因子作为新的变量。工作状态维度的"农转非"前和"农转非"后分别提取 1 个和 2 个自变量，居住状态维度"农转非"前和"农转非"后分别提取 2 个和 1 个自变量，教育状态维度和医疗状态维度"农转非"前后均提取 1 个自变量，"农转非"前和"农转非"后满意度分别提取 1 个因变量；即共有 5 个"农转非"前自变量和 5 个"农转非"后自变量，以及"农转非"前因变量和"农转非"后因变量各 1 个。运用 SPSS 22.0 进行多元线性回归，调节变量和控制变量在模型中作为自变量进行回归，得出的结果如表 4 – 14 所示。

表 4-14 "农转非"居民满意度的多元回归模型

	"农转非"前满意度				"农转非"后满意度		
	模型一	模型二	模型三	模型四	模型五	模型六	模型七
"农转非"前工作状态	0.437*** (6.981)	0.364*** (5.992)	0.393*** (5.841)	0.392*** (5.575)		-0.032 (-0.42)	-0.02 (-0.252)
"农转非"前居住状态1	0.410*** (6.767)	0.252*** (3.841)	0.250*** (3.66)	0.263*** (3.738)		-0.198** (-2.533)	-0.189** (-2.377)
"农转非"前居住状态2	0.413*** (2.787)	0.07 (1.133)	0.045 (0.684)	0.056 (0.814)		-0.039 (-0.522)	-0.005 (-0.067)
"农转非"前教育状态		0.351*** (4.868)	0.328*** (3.869)	0.323*** (3.762)		0.095 (0.978)	0.147* (1.678)
"农转非"前医疗状态		-0.009 (-0.152)	0.057 (0.726)	0.058 (0.728)		0.106 (1.182)	0.11 (1.218)
"农转非"后工作状态1			-0.047 (-0.729)	-0.054 (-0.822)	0.245*** (3.584)	0.262*** (3.558)	0.249*** (3.334)
"农转非"后工作状态2			-0.077 (-1.288)	-0.065 (-1.057)	-0.081 (-1.242)	-0.084 (-1.229)	-0.056 (-0.801)
"农转非"后居住状态			0.008 (0.115)	0.11 (0.163)	0.381*** (5.287)	0.426*** (5.69)	0.434*** (5.789)
"农转非"后教育状态			0.047 (0.606)	0.05 (0.646)	0.148** (0.054)	0.12 (1.363)	0.164** (2.065)

续表

	"农转非" 前满意度				"农转非" 后满意度		
	模型一	模型二	模型三	模型四	模型五	模型六	模型七
"农转非"后医疗状态			-0.101 (-1.296)	-0.118 (-1.451)	0.155*** (2.354)	0.091 (1.019)	0.091 (0.988)
"农转非"前后收入状态交互项				0.380 (1.398)			0.391 (5.968)
性别	已控制	已控制	已控制	-0.058 (-0.835)	已控制	已控制	-0.075 (-0.95)
年龄	已控制	已控制	已控制	0.034 (0.357)	已控制	已控制	0.002 (0.016)
学历	已控制	已控制	已控制	0.028 (0.319)	已控制	已控制	0.118 (1.192)
Adjust-R^2	0.463	0.532	0.530	0.524	0.376	0.387	0.388
F值	43.770	34.911	17.824	13.639	18.932	10.409	8.261

注：*、**、*** 分别表示在10%、5%和1%的水平上显著，括号内为t值。

在对"农转非"前满意度的回归中,控制性别、年龄和学历变量后显示的"农转非"前工作状态、居住状态和教育状态均在 0.01 水平上显著正向相关,在不同的分析模型下,医疗状态的显著性均不明显。"农转非"后的满意度的自变量回归中,"农转非"后工作状态 1、居住状态、教育状态和医疗状态均在 0.05 水平上显著正向相关。因此,在同期条件下"农转非"居民的工作状态、居住状态、教育状态和医疗状态均会对当期满意度产生影响,假设 1 得到验证。根据模型分析结果显示,教育状态和工作状态本身会对"农转非"居民的满意度产生影响,加入收入状态这个调节变量后,其对"农转非"前居民的满意度影响程度基本不变,对"农转非"后居民的满意度影响增加,尤其是教育状态增加较为明显,因此假设 2 得到验证。根据表 4 – 13 的描述性统计和表 4 – 14 的模型验证发现,"农转非"居民的满意度均保持在由"不太满意"到"比较满意"之间的变化,"农转非"后居民满意度的影响因素有所增加,但因素影响的程度增加不明显,由此验证假设 3,即城镇化前"农转非"居民的幸福感低于城镇化之后。进一步分析发现,城镇化之后影响"农转非"居民幸福感的主要因素发生了变化,体现为工作状态的影响减弱和居住状态的影响增加,即工作状态系数由 0.39 减弱为 0.25,而居住状态系数由 0.26 增加为 0.43,这说明城镇化之后"农转非"居民因居住状态的改善而相对弱化了工作状态的重要性。

综上分析,结合武汉市"农转非"前后居民满意度的调查,对影响"农转非"居民的幸福感进行了研究。通过数据分析,研究发现"农转非"居民的幸福感与"农转非"之前相比均有增加,而影响"农转非"居民幸福感的因素虽未发生显著改变,但各因素的影响程度均发生了变化,"农转非"之前幸福感的主要影响因素为工作状态,在"农转非"之后则改变为居住状态。显然这种变化是符合实际情况的,农民因城镇化转变为市民身份,但由于教育水平、工作经验等在短时间内难以改变,进而限制了工作状态的有效改善。不同的是城镇化之后农民作为市民的居住条件的改善较为明显,相比于农村的基础设施和公共服务,城市居住条件得到了普遍的认可。除此之外,在实地调查中发现,"农转非"居民的居住条件虽有所改善,但城市环境和城市生活的压力使得一部分"农转非"居民的城市幸福感并未有效增加,而对于部分无业可就的老年人来说,"农转非"后的生活缺少了农村的宁静和农村熟人社会的轻松,因此,城镇化对幸福感的影响甚至产生负向作用。而这些不能剔除且相对重要的数据也是造成其中一部分回归结果并不显著的原因,同时也是"农转非"居民在城镇化之后的满意度只提高一个层次的重要原因。

城市化率衡量着一个国家或地区的经济发展水平，如果只追求城镇化数量和城市经济发展，而不在乎城镇化"农转非"居民的内心感受和实际需求，则城镇化所带来的幸福感仍然难以真正提高，尤其是在城乡二元结构和贫困等因素的影响下，不解决农民面临的实际问题，仅仅依靠城镇化的方式提高人们幸福感较为困难。因此，在政策取向上，一是要提高"农转非"居民的医疗保障水平和教育培训扶持力度。长久来看，对于改善工作环境和提高收入水平具有重要意义；同时，加强城市环境整治，保障"农转非"居民权益，落实统一的城镇原有居民和"农转非"居民的各项社会保障也是改善"农转非"居民幸福感的重要途径。二是要立足于我国新型城镇化发展的实际和中西部地区作为我国城镇化建设薄弱环节的发展差距，优化资源配置，加强对中西部地区的政策和资金扶持。鼓励和支持农村建设，实现农民的就地城镇化，提高其收入水平和生活水平，缓解人口迁入对大城市的社会和资金压力，实现城乡一体化发展。

第5章 城镇化发展多因素协调度分析

5.1 引　　言

城镇化作为国家发展的必经之道，是指国家技术进步和产业结构调整所带来的由农业为主向非农业为主的现代城市型社会转变的过程，其发展水平已成为国家现代化程度的重要标志。

为实现城镇化，各国各地区在其发展过程中都曾施行符合国情的个性化举措。例如，德国的城镇化进程并未通过增加城镇建地面积，而是强调城郊地区三次产业的协同发展，重点发展地方特色产业并将公众纳入治理主导群体之中，着重保护人的基础权利；美国在20世纪90年代后就已经进入高度城市化阶段，其主导政策强调提高空间利用率和土地的多功能混合利用，充分发展存量空间避免盲目扩张；亚洲地区则在顺应人多地少的基本国情基础上形成了以大城市带动周围地区高速发展为特征的发展模式，这类发展模式无疑也是市场机制和庞大的城乡交错带所带来的必然结果。

在大英词典中，"城镇化"是指人口向城镇集中的过程，表现为城镇数目的增多和城市人口的扩张。反观我国城镇化进程，自1978年至2014年，中国城市化率由18%上升至54.8%，2016年达到57.35%，2017年更是趋于58.5%，高于世界城市化率。这并非是简单的城镇数量与城镇人口扩张所引致的结果。事实上，在2012年，党的十八大就提出了走新型城镇化之路。2014年，《国家新型城镇化规划（2014—2020年）》正式对新型城镇化发展进行了科学指导。李克强总理明确指出，城镇化不是简单的城市人口比例增加和面积扩张，而是要从产业支撑、人居环境、社会保障、生活方式等多方面共同完成由"乡"到"城"的转变。著名城市生态专家王如松院士则表示，新型城镇化的"新"指的是观念更新、体制革新、技术创新和文化复新。总体来说，新型城镇化是围绕"以人为本"的发展理念，不以牺牲农业和粮食、生态和环境为代价的多维全方位的深刻演变和不断优化。

我国长久以来城乡分割的特征以及其带来的户籍制度的问题十分突出，工业化进程不断推动城镇化发展，但从乡村涌向城镇的人口却常因为户籍、生活质量、日常习惯、优待条件等方面的不确定性难以真正融入城镇化生活，特别是在教育、医疗、养老、保障性住房、就业等基本公共服务上的差异性体现了乡村人口市民化的滞后。依据传统城镇化先建设城区后疏通生态的理念，自然生态被人工景致所替代，生态系统终将面临失衡危机。事实上，生态建设并非独立于人的概念，而是包含着人与自然的和谐相处、倡导可持续化的生产生活方式进而建设资源节约型、环境友好型社会的发展方向。

人口的聚集未能与工业的聚集、土地的开发、社保的落实、生态的维护同步发展是传统城镇化亟待解决，新型城镇化优先关注的重点，要将城镇化的目标着眼于居民生活质量的提升和人口素质的全面优化。换言之，新型城镇化发展的本质在于人口、土地、经济、社会、生态等要素之间的协调发展。

1. 城市圈空间背景下的武汉城市群

据《国家新型城镇化规划（2014—2020年）》指出，明确我国城市群发展目标与空间结构、归纳总结以往经验以明确我国新型城镇化发展方向是我国城镇化发展的当务之急。换言之，城市群已成为促进国家经济发展、推动城镇化进程的关键要素以及核心支点。

城市群空间能够充分借助现代化交通工具和运输网络深化城市间紧密的空间关联和经济关联，通过协同规划对整个城市群空间中各个城市的总体规划起到指引作用，促进整体的协作发展，形成完全的城市集合体系实现充分一体化。为实现地域经济、社会、职能结构等方面的协同发展，中心城市应发挥枢纽作用，达成城市间内在的联系要求，同时充分利用中心城市在人才、科教、技术、产业发展等各维度的领先优势带动周边城市共同发展，而在中心城市的劣势问题方面则需与周边城区互补共赢。

中部地区六大城市群包括湖北武汉城市圈、湖南长株潭城市群、安徽皖江城市带、河南中原城市群、山西太原都市圈以及江西环鄱阳湖城市群。其出现是顺应"中部崛起"重要战略的必然结果，而武汉城市圈更是肩负领跑"中部崛起"的重要作用。依据武汉城市圈区域发展规划，武汉城市圈的目标是成为全国"两型"社会建设示范区、全国自主创新先行区等重点发展区域代表，并建设成为促进中部崛起的重要增长极。

　　武汉作为湖北省省会城市是中部地区唯一的副省级城市，同时也是中部特大城市、长江经济带核心城市以及华中地区的金融、交通和文化中心。其"九省通衢"的美名享誉四方，具有强经济辐射能力。武汉城市圈以武汉为圆心，覆盖黄石、鄂州、黄冈、孝感、咸宁、仙桃、潜江、天门等周边8个大中型城市，正是利用武汉自身优势向周边地区辐射，带动相关城区一道实现共同进步、协同发展。武汉城市圈所包含城市地区具有自己的城市发展特色，在武汉的带动下大力发展个性化产业是共同繁荣的重要一环。武汉城市圈新型城镇化发展响应国家新型城镇化规划，具有强代表性，对于我国城市群城镇化发展具有指导性意义。同时，武汉城市圈在实现城镇化的道路上所涉及的无论是产业结构调整、土地集约利用还是城市通信、城市群交通发展对于中国其他城市的自身经济社会协调发展都有一定的借鉴意义。

　　2. 新型城镇化问题研究

　　目前针对相关方向，国内外学者已完成一些各有侧重的研究成果。外国学者针对城镇化的研究常与地质、生物学相关联，侧重发现城镇化对生态环境以及可持续发展的影响作用，例如Kristen K.（2019）研究了城镇化对于流域空间的作用和相关管理方法；Sadorsky P.（2014）主要着眼于城镇化与能源利用共同给可持续发展造成的影响。并且，在国外研究中较少关注城镇化的协调发展以及相关内容。

　　国内学者则重点关注新型城镇化系统中单个系统对整体发展水平的影响情况，针对协调发展问题则是侧重在具体的两个子系统之间的协调发展，除此之外也同样关注新型城镇化背景下相关产业的发展特点，所选择的地理范围和研究对象主要以具体省市为主。李爱民（2019）通过定性分析探讨新型城镇化环境下城市群空间的优化问题，提出各城市群空间应该明确审视自身的承载能力，在优化过程中则需考虑经济、社会、公共服务等多个方面，结合自身发展特色，解决普遍存在的开散性扩张问题。李秀萍（2015）重点关注投融资创新模式对湖北省城镇化问题的影响，认为产业投资基金的建立、政府职能角色的转变以及战略投资者的引入能够加快湖北省城镇化脚步。张祎（2018）从湖北省"两圈两带"的特征入手研究新型城镇化与土地集约利用的协调度水平，并指出推动土地制度改革、提高土地集约利用程度能够进一步促进新型城镇化水平。蒋慧峰（2019）探究了湖北省城镇化与生态环境之间的耦合协同程度，结果表明湖北省生态环境不断优化，但生态压力也不断加大，目前生态环境和湖北省城镇化之间的耦合水平处在一般至中等水平。时仅（2016）主要研究了重庆城镇化质量与消费结构的关联，研究结果指出重庆不同的城镇化阶段对于不同的消费层次的影响程度有所不同，城镇化推动了消费结构的升级，反过来，优化的消费结构也能驱动城镇化发展。

而在与城市群城镇化发展或城镇化发展相关的量化分析中，各方面专家学者采用多种评价、决策模型完成许多极具价值和学习意义的创新研究，但采用数理分析方法大多为解决某一层面问题或探讨局域性协调问题。

外国学者 Whalley John（2007）采用数值模拟分析法探求城镇化背景下中国户籍制度和地区层面的劳动力移动现象；Omar D. B.（2009）利用 SPSS 从 16 个维度评价了马来西亚新建城区居民的生活水平，为后续城镇化提供可持续发展的生活质量指标。

孔凡文（2018）将灰色关联分析和主成分法结合赋予指标权重并以熵值法的多指标加权计算城镇化发展指数，分析结果表明虽然城镇化水平较高，但土地资源消耗量过大，尚未实现人口与土地城镇化的协调进步。吴世联（2013）同样采用灰色关联分析法，但着眼于浙江省城镇化与经济结构转换的内在关联。张桂颖（2018）选用 Probit 回归模型分析新型城镇化背景下的教育需求问题。刘艳芳（2015）将 AHP 与 DEA 方法结合综合评价武汉城市圈城镇化发展水平。徐海峰（2019）利用耦合度分析研究北京新型城镇化与流通业、旅游业间的协调发展。王莹等（2018）利用 TOPSIS 熵权法评价西安建设用地绩效。除此之外还有许多专家学者利用定性分析进行相关研究，舒琅（2018）重点研究了生态环境保护与国家新型城镇化建设之间的发展关系，田超（2014）针对武汉城市圈提出了以城际铁路发展促进新型城镇化的观点。张建清（2017）选用 PVAR 模型针对长江中游城市群完成新型城镇化与科技创新的关联性分析。

5.2　城市圈新型城镇化评价体系构建及测度分析

5.2.1　新型城镇化评价体系构建

虽然我国没有一套固定的新型城镇化评价体系，但是城镇化评价体系大致可以分为两种体系构建方法：第一种是主要指标法，即选取最为重要的指标评估城镇化水平，采用该种方法的研究成果多选择人口比重指标；第二种是复合指标法，即选择多个评价指标，全面多维地评价城镇化水平。根据新型城镇化的内涵，由城镇人口和地域的扩张转向以人为本多系统协调发展，复合指标法显然更加符合本书的研究需求。相较于主要指标法来说，复合指标法的劣势在于其复杂性和人力劳动成本，在制定评价体系同时应将资料搜集难度、数据披露程度等实际问题考虑在内。

在已有的新型城镇化评价类研究当中，不同的学者对于子系统的划分有一定的区别，一部分的研究成果仅从人口、社会和经济方面或者仅从人口、生活、经济和生态方面探究新型城镇化水平，也有学者将空间城镇化纳入评估系统，但多是由于研究成果本身是以城市圈空间优化等相关方向为重点研究对象。由于城镇化进程的不断推进，专家学者会根据重点问题进行研究并设计具有研究特色的评价体系。本书中将城镇化细分为人口、土地、社会、经济、生态城镇化是综合了近5年来同类型综合测度研究的成果，尽可能地包括了多维的城镇化方向，又对于存在个例性质的子系统选择做出了取舍。

而对于相同子系统的具体指标选择在不同的研究成果中存有较大差异，但都能切实反映该系统的城镇化进程。单个子系统的指标数量不等，本书共选取了19个具体指标，除参考相关文献的选择之外也考虑到了湖北省各城市指标披露情况和地方特色，选择了数据量全面、代表性强、能够重点反映子系统发展的指标类目，因此在符合综合体系构建要求的基础上具有较高的可行性和可信度。

其中，人口城镇化主要是指人口经济活动的转移，体现为非农人口的转变以及高等教育在校生人数；社会城镇化代表着城市文化、生活方式等向乡村扩散，表现在医疗设施、公共交通、移动通信、教育发展、消费结构等方面；土地城镇化主要以城镇建成区面积的扩大为表现形式，通过人均建成区面积、人均道路面积来体现；经济城镇化即经济总量的提升以及经济结构的非农化；生态城镇化是指在城镇化过程中对生态的保护行为以及相关事业的不断发展，既从能源使用的角度有所体现同时也考虑垃圾、污水的处理成效以及人均绿地的面积。据此笔者认为，这五个方面能够全面地概括城镇化的中心、动力、载体、方式等不同层面，并细分为19个具体指标。根据不同方面的具体表现形式可构建城镇化水平测度指标体系，如表5-1所示。

表 5-1　　城镇化水平测度指标体系表

总体系	子系统	具体指标
城镇化水平综合测度体系	人口城镇化	C_1 城镇人口比重/%
		C_2 非农人口规模/万人
		C_3 万人大学生数/（人/万人）
	社会城镇化	C_4 恩格尔系数/%
		C_5 万人拥有公交车辆数/（辆/万人）
		C_6 万人病床数/（张/万人）
		C_7 万人移动电话数/（部/万人）
		C_8 人均教育经费/元
	土地城镇化	C_9 建成区面积/平方公里
		C_{10} 人均建成区面积/（平方公里/万人）
		C_{11} 人均道路面积/（平方米/人）
	经济城镇化	C_{12} 人均 GDP/元
		C_{13} GDP 增长速度/%
		C_{14} 非农产业产值比值/%
		C_{15} 职工平均工资/元
	生态城镇化	C_{16} 单位 GDP 能耗/（吨/万元）
		C_{17} 污水处理厂集中处理率/%
		C_{18} 生活垃圾处理率/%
		C_{19} 人均绿地面积/平方米

本书所研究武汉城市圈是以武汉市为中心，包括黄石、鄂州、黄冈、孝感、咸宁、仙桃、潜江、天门等周边 8 个城市在内的重点城市群。9 个城市的原始数据主要来自湖北省统计局各城市分年年鉴（2010—2018 年）以及中华人民共和国住房和城乡建设部分年城市建设年鉴（2010—2017 年）。需要说明的是不同城市和机构所披露的年鉴所使用年份不全为当年年份，需要逐一阅读并针对文章所选择的指标逐个完成数据采集。由于各个地区的统计年鉴并非按照统一形式整理公开，对于非直接披露项目可由已知数据源经过计算整理获得。此外，部分数据同样参考各城市统计部门公布的分年国民经济和社会发展统计公报、交通运输局发布的公开年度报告、公开发布的中国宏观经济数据等其他公开数据来源。部分指标极少量年份的数据缺失利用插值法填补。同年数据在不同年份

报告中的数据差异以最新结果为主。

5.2.2 城镇化水平综合测度体系赋权

在城镇化水平的综合测度体系的权重分析中，本书利用熵值法为各指标赋权。熵代表在信息论之中对于不确定性的度量，可以通过计算熵值来判断某个指标的离散程度，指标的离散程度越大，该指标对综合评价的影响越大。熵值法作为一种多指标综合评价赋权方法，利用指标本身（或源数据）的信息来判断方案或指标的有效性和重要性，排除主观因素，目的是得到针对系统客观、公正的评价。由于本书所用数据源为各项指标在 9 个城市 8 年间的实际表现值，而并非访谈、问卷等形式所获得的结果，因此不存在被调研对象对于同一指标的不同理解或其他差异性。

第一步：数据标准化。为消除评价体系中各指标量纲、单位、正负取向等差异性，在评价系统之前需要首先对数据进行标准化处理。正向指标是指，数值越大，效果越好；负向指标是指，数值越小，效果越好。正向指标和负向指标的计算方法如（式 5-1）和（式 5-2）所示。

$$\text{正向指标：} x'_{ij} = \frac{x_{ij} - \min\{x_j\}}{\max\{x_j\} - \min\{x_j\}} \quad \text{（式 5-1）}$$

$$\text{负向指标：} x'_{ij} = \frac{\max\{x_j\} - x_{ij}}{\max\{x_j\} - \min\{x_j\}} \quad \text{（式 5-2）}$$

第二步：计算信息熵。经过归一化处理后，第 j 项指标的信息熵如（式 5-3）所示，根据 k 可知，e_j 的取值处于 [0,1] 的区间之内。令 $k = \frac{1}{\ln m}$，

$$e_j = -k \sum_{i=1}^{m} \left[\left(\frac{x'_{ij}}{\sum_{i=1}^{m} x'_{ij}} \right) \times \ln \left(\frac{x'_{ij}}{\sum_{i=1}^{m} x'_{ij}} \right) \right] \quad \text{（式 5-3）}$$

第三步：计算第 j 项指标的权重如（式 5-4）所示。令 $p_j = 1 - e_j$，p_j 代表第 j 项指标的差异性，差异性越小，信息熵越大，该指标对于总体方案所起到的作用就越小；差异性越大，信息熵越小，该指标对于总体方案所起到的作用就越大。

$$w_j = \frac{p_j}{\sum_{j=1}^{m} p_j} \quad \text{（式 5-4）}$$

依据熵值法可以得到五大子系统共 19 项指标的权重结果，如表 5-2 所示。

表 5 – 2　　　　　　　城镇化水平综合测度体系权重表

城镇化子系统	指标	p_j	w_j
人口城镇化 0.1722	C_1 城镇人口比重	0.215	0.0848
	C_2 非农人口规模	0.152	0.0600
	C_3 万人大学生数	0.079	0.0312
社会城镇化 0.2479	C_4 恩格尔系数	0.147	0.0580
	C_5 万人拥有公交车辆数	0.077	0.0305
	C_6 万人病床数	0.122	0.0480
	C_7 万人移动电话数	0.107	0.0420
	C_8 人均教育经费	0.161	0.0634
土地城镇化 0.2023	C_9 建成区面积	0.131	0.0518
	C_{10} 人均建成区面积	0.133	0.0524
	C_{11} 人均道路面积	0.123	0.0486
经济城镇化 0.2227	C_{12} 人均 GDP	0.110	0.0436
	C_{13} GDP 增长速度	0.217	0.0856
	C_{14} 非农产业产值比值	0.088	0.0349
	C_{15} 职工平均工资	0.154	0.0609
生态城镇化 0.2004	C_{16} 单位 GDP 能耗	0.105	0.0415
	C_{17} 污水处理厂集中处理率	0.088	0.0347
	C_{18} 生活垃圾处理率	0.077	0.0303
	C_{19} 人均绿地面积	0.248	0.0976

第四步：测度武汉城市圈新型城镇化水平在人口、社会、土地、经济和生态五个方面的综合得分。依据表 5 – 2 所得相关权重，武汉城市圈 2010—2017 年总体新型城镇化发展水平的综合评价测算方法如（式 5 – 5）所示，具体结果如表 5 – 3 所示。

$$S_j = \sum_{j=1}^{n} w_j x'_{ij} \tag{式 5 – 5}$$

表 5 – 3　　　　　　　新型城镇化水平综合测度表

	2010 年	2011 年	2012 年	2013 年	2014 年	2015 年	2016 年	2017 年
城镇人口比重	0.001	0.014	0.052	0.000	0.013	0.057	0.085	0.063
非农人口规模	0.000	0.010	0.054	0.010	0.021	0.044	0.060	0.025
万人大学生数	0.000	0.012	0.022	0.023	0.023	0.022	0.031	0.017

续表

	2010年	2011年	2012年	2013年	2014年	2015年	2016年	2017年
恩格尔系数	0.013	0.000	0.007	0.024	0.051	0.054	0.044	0.058
万人拥有公交车辆数	0.000	0.015	0.019	0.026	0.027	0.018	0.031	0.027
万人病床数	0.000	0.009	0.014	0.024	0.033	0.038	0.044	0.048
万人移动电话数	0.000	0.011	0.018	0.014	0.029	0.032	0.033	0.042
人均教育经费	0.000	0.003	0.018	0.023	0.025	0.042	0.054	0.063
建成区面积	0.000	0.007	0.012	0.024	0.026	0.031	0.037	0.052
人均建成区面积	0.000	0.006	0.014	0.024	0.027	0.032	0.037	0.052
人均道路面积	0.000	0.006	0.025	0.026	0.042	0.021	0.024	0.049
人均GDP	0.000	0.009	0.016	0.021	0.026	0.030	0.035	0.044
GDP增长速度	0.066	0.086	0.043	0.026	0.014	0.000	0.007	0.008
非农产业产值比值	0.000	0.013	0.014	0.018	0.022	0.023	0.023	0.035
职工平均工资	0.011	0.000	0.008	0.018	0.027	0.041	0.046	0.061
单位GDP能耗	0.000	0.008	0.019	0.024	0.030	0.034	0.038	0.041
污水处理厂集中处理率	0.000	0.011	0.019	0.026	0.028	0.031	0.033	0.035
生活垃圾处理率	0.000	0.013	0.024	0.028	0.029	0.029	0.029	0.030
人均绿地面积	0.000	0.010	0.012	0.024	0.013	0.014	0.026	0.098
S_j	0.091	0.244	0.409	0.405	0.505	0.594	0.718	0.848

5.2.3 武汉城市圈新型城镇化水平时序特征

根据测算结果绘制图5-1、图5-2，直观展现城镇化综合测评指数变化趋势以及城镇化综合测评变化幅度趋势。

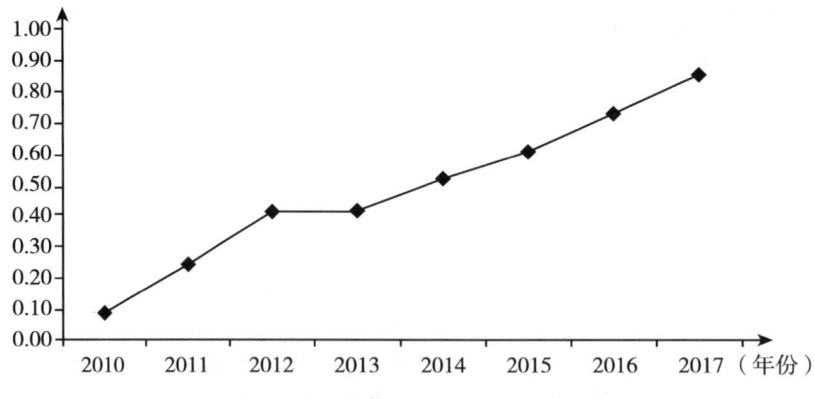

图5-1 新型城镇化综合测评指数变化图

由图 5-1 可知，武汉城市圈城镇化发展情况自 2010 年以来持续优化，综合测评指数不断上升，自 2010 年的 0.091 上升到 2017 年的 0.848。其中除去 2012—2013 年整体水平保持平稳之外，2010—2012 年以及 2013 年以后都处于稳步上升状态，且初期阶段的上升水平优于后期。接下来将通过增长幅度进一步分析新型城镇化综合测度结果。

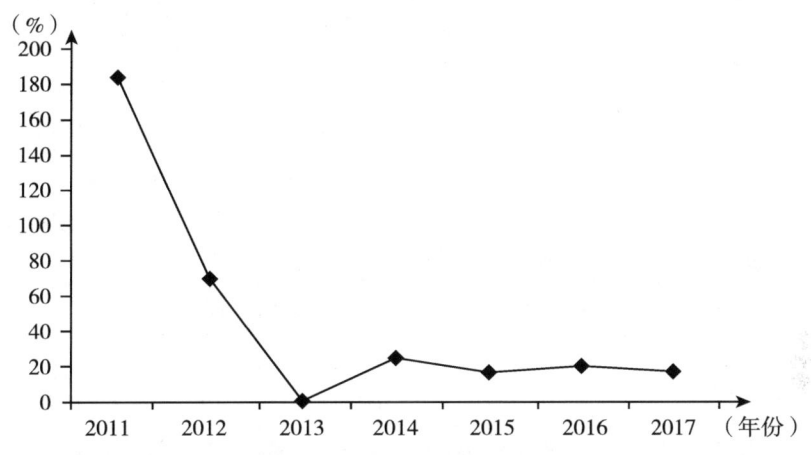

图 5-2 新型城镇化综合测评变化幅度趋势图

结合图 5-2 中显示的变化幅度来看，综合发展整体保持增长水平但有增速放缓的趋势，8 年以来武汉市城市圈城镇化发展可以分为三个阶段，第一阶段：高速增长阶段，2010—2012 年城镇化综合评价的上升幅度最大，几近达到翻倍的发展水平，2012 年虽相较于 2011 年明显下降，但是仍处在 70% 的高水平增速水平；第二阶段：停滞阶段，2012—2013 年增长幅度急剧下降，2013 年增速水平触底，当年城镇化水平几乎与 2012 年持平；第三阶段：再发力阶段，自 2014 年起增长速度回升，并逐渐稳定在 10% 左右的增长幅度，属于较高的增长水平。《武汉城市圈区域发展规划（2013—2020 年）》于 2014 年 2 月获国家发改委批复，将推进武汉城市圈加速发展。

为进一步分析各子系统各年对于整体的城镇化水平的贡献情况，如（式 5-6）所示，计算贡献率可知，2011 年生态城镇化为推动整体城镇化水平作出主要贡献，如表 5-4 所示。

$$\frac{城镇化子系统得分增长量}{城镇化综合得分增长里量} \times 100\% \quad \text{（式 5-6）}$$

表 5-4　　　　　　　　　　子系统发展评价表

子系统	数值与指标	2010年	2011年	2012年	2013年	2014年	2015年	2016年	2017年	总体贡献
人口城镇化	子系统水平	0.001	0.037	0.128	0.033	0.057	0.124	0.176	0.106	13.61%
	分值变化		0.036	0.091	-0.094	0.024	0.067	0.052	-0.070	
	子系统贡献		23%	58%	-60%	15%	42%	33%	-45%	
社会城镇化	子系统水平	0.013	0.038	0.076	0.112	0.164	0.184	0.206	0.238	29.32%
	分值变化		0.026	0.038	0.035	0.052	0.021	0.022	0.033	
	子系统贡献		16%	24%	22%	33%	13%	14%	21%	
土地城镇化	子系统水平	0.000	0.019	0.052	0.074	0.095	0.083	0.098	0.153	19.84%
	分值变化		0.019	0.033	0.023	0.020	-0.012	0.015	0.054	
	子系统贡献		12%	21%	14%	13%	-7%	10%	35%	
经济城镇化	子系统水平	0.077	0.107	0.080	0.083	0.090	0.095	0.112	0.147	9.06%
	分值变化		0.030	-0.028	0.004	0.007	0.005	0.017	0.035	
	子系统贡献		19%	-18%	2%	4%	3%	11%	22%	
生态城镇化	子系统水平	0.000	0.043	0.074	0.103	0.099	0.108	0.126	0.204	26.51%
	分值变化		0.043	0.031	0.028	-0.004	0.009	0.018	0.078	
	子系统贡献		27%	20%	18%	-2%	6%	11%	50%	

2013年，总体增长水平缓慢接近稳定的主要原因是社会城镇化和生态城镇化的增速仍保持乐观的同时人口城镇化发展进程放缓；2015年，土地城镇化水平出现回落，但基于人口城镇化和社会城镇化的大幅上升，导致2015年整体的城镇化水平处在增速为12%的乐观状态。横向来看，自2010年以来土地城镇化子系统对于整体城镇化水平的成效较其他子系统而言较低，而从整体的影响作用来看，社会、生态、土地三大子系统占据前三的地位，分别占29.32%、26.51%、19.84%。从各子系统的发展水平趋势来看，其中社会城镇化系统在8年以来始终保持匀速增长，从2010年的0.013上升至2017年的0.238，并且自2013年以来一直处于领先地位，可以理解为，社会城镇化是武汉城市圈新型城镇化发展的主要动力。其中发展最为明显的指标是人均教育经费和恩格尔系数的发展，评分增长达到0.04、0.06数量级，紧随其后的是万人病床数，2017年评分达到0.048数量级。

数据结果表明在8年的发展时间里，城市群的医疗条件不断改善，教育投入不断加大，人民生活消费结构不断优化，城市群趋于富裕，这些发展方向为社会城镇化发展提供了强大的支持。

与此发展趋势相适应的是经济城镇化和生态城镇化，纵使这两个子系统的城镇化表现在8年里有轻微的震荡，但是总体来说体现出持续的增长趋势，其2017年的表现（0.147，0.204）相较于2010年的（0.0722，0.0000）分别约有（0.15，0.2）的提升。

其中，生态子系统的领先地位已经逐渐明显，与占据首位的社会子系统之间的差距进一步缩小，有望成为第二大发展动力。在生态城镇化子系统中增长最快也最明显的是人均绿地面积，其次是单位GDP能耗，这体现出武汉城市圈的经济发展正在不断降低对于能源消耗的依赖程度，也就是说更多的科技、智力、非重工行业在近几年内得到了迅猛发展，同时武汉城市圈着力发展绿化面积，人均绿地面积评分更是达到0.0976的相对高水平。基于此，后续发展应加强科学技术投入，不断降低重化工业比重，优化节能减排成效是稳定生态城镇化发展的主要实现方式。

土地城镇化发展趋势与环境子系统相似，虽然总体也呈现上升趋势，但伴随有一定起伏且总体的发展水平明显弱于前两者。最后，人口城镇化水平的发展是起伏变化最为明显的，在2012年出现明显增长，2013—2016年保持稳定增长，并在2016年一度达到0.176的高水平，仅次于当年期社会城镇化水平，但是在2017年出现明显滑落。武汉《居住证管理暂行办法》于2011年3月起施行，正式与上海、成都一同成为全国率先施行居住证管理的先行城市，而外来人口的暂住证制度也就此谢幕，这也许是造成2012年后人口持续上涨的原因之一。在政策推动后的几年里，人口城镇化水平没有得到长效增长或是因为人口城镇化在关注热潮褪去后，与其他利益的勾连程度便日益明显，无论是教育、医疗还是社会保障、职工就业的制度、服务水平等城乡差异性、手续流程的复杂性对于农村人口城市化都是较大的阻碍力量。不可否认，政府已出台各项政策来降低准入门槛，但是城乡分割的二元体制需要一定的时间来消化日新月异的进步，武汉地区资源的优越性和发展的领先性也大大超越了周边城区，因此相互带动共同发展的进程非朝夕可行。

总体来看，在保证社会城镇化稳定发展的同时提升土地城镇化的影响效果，并且重点加强武汉城市圈人口城镇化的发展力度是提高发展速度、规范发展方向的重要一点，主要可通过针对性政策的提出促进人口经济活动、生活活动的城镇化移动，从而带动整体的城镇化发展。

5.3　新型城镇化发展协调度分析

5.3.1　耦合协调度模型说明

耦合刻画的是一种相互依赖、协调与促进的动态关联关系，通过耦合度来描述这种两个及以上的系统之间相互作用彼此影响的现象。一般意义上多系统的耦合度模型如（式5-7）所示。

$$P_n = \sqrt[n]{\frac{(U_1 \times U_2 \times \cdots \times U_n)}{\prod (U_i + U_j)}} \qquad （式5-7）$$

变量 $U_i(i=1,2,\cdots,m)$、$U_j(j=1,2,\cdots,n)$ 分别表示各个不同系统。P_n 表示系统耦合度值，P_n 值越大，说明各个系统的协调水平越高，反之则协调水平越低。本书利用耦合度函数来计算新型城镇化发展各子系统之间的两两耦合情况，需建立系统相互作用的耦合度模型，即两系统之间的耦合度模型。耦合度等级划分标准如表5-5所示。

表5-5　耦合度等级划分标准表

P	耦合程度
0	耦合度极小，系统无关联并无序发展
0—0.3	耦合水平低
0.3—0.5	颉颃阶段
0.5—0.8	磨合阶段
0.8—1	耦合度较高阶段，系统有序互动发展
1	良性耦合

上述方法阐述中，耦合度作为反映武汉城市圈新型城镇化五大子系统之间，每二者的城镇化发展水平耦合情况的指标，的确能够较为恰当地体现武汉城市圈的系统之间两两相互作用的强度和水平。但是，耦合度模型虽然可以反映各个子系统之间的耦合程度，但是耦合度在一些情形下难以反映出城市群两系统的协同效果，当系统体现水平（例如子系统实际发展水平）均相对较低时，可

能会出现两者的耦合度高的"伪协调"问题。为此,通过将耦合度与协调度模型结合起来评价系统发展有序度,即耦合协调度模型:

$$Q = \sqrt{P \times T} \qquad (式5-8)$$

$$T = \alpha U_1 + \beta U_2 \qquad (式5-9)$$

其中,Q 为耦合协调度;T 为两个子系统整体协调效应的综合评价指数,反映两者整体的发展水平对耦合协调度的贡献;U_1、U_2 分别为两个子系统的发展指数,即新型城镇化的系统发展水平;α、β 为待定系数,分别表示子系统贡献系数,对于两两子系统构成的系统组合而言,一般分别取值为 0.5 即可。耦合协调度划分层次如表 5-6 所示。

表 5-6　　　　　　　　耦合协调度等级划分标准表

协调度区间	协调等级
0—0.1	极度失衡
0.11—0.2	严重失衡
0.21—0.3	中度失衡
0.31—0.4	轻度失衡
0.41—0.5	濒临失衡
0.51—0.6	勉强协调
0.61—0.7	初级协调
0.71—0.8	中级协调
0.81—0.9	良好协调
0.91—1	优质协调

推而广之,也可以计算评价人口城镇化、土地城镇化、经济城镇化、社会城镇化和生态城镇化发展的总体协调系数,进而利用协调度函数计算评价各年份的城镇化发展整体的综合协调水平:

$$C_i = \frac{c_i^p + c_i^l + c_i^s + c_i^e + c_i^{ec}}{\sqrt{(c_i^p)^2 + (c_i^l)^2 + (c_i^s)^2 + (c_i^e)^2 + (c_i^{ec})^2}} \qquad (式5-10)$$

$$D_i = \sqrt{C_i \times S_i} \qquad (式5-11)$$

其中,D_i 为第 i 个评价年份人口、土地、社会、经济、生态城镇化协调度;S_i 为第 i 个评价年份的城镇化总分;C_i 为第 i 个评价年份人口、土地、社会、经济、生态城镇化协调系数;c_i^p、c_i^l、c_i^s、c_i^e、c_i^{ec} 分别为第 i 个评价年份人口、土地、社会、经济、生态城镇化评价值（即为第 i 个评价年份的人口、土地、社会、经济、生态城镇化各细分指标的总分）。

5.3.2 城镇化发展综合协调度分析

依据（式 5-11），创建 2010—2017 年城镇化协调度分析模型如表 5-7 所示。

表 5-7　　　2010—2017 年新型城镇化协调度模型表

		2010 年	2011 年	2012 年	2013 年	2014 年	2015 年	2016 年	2017 年
子系统发展评价	人口城镇化	0.001	0.037	0.128	0.033	0.057	0.124	0.176	0.106
	社会城镇化	0.013	0.038	0.076	0.112	0.164	0.184	0.206	0.238
	土地城镇化	0.000	0.019	0.052	0.074	0.095	0.083	0.098	0.153
	经济城镇化	0.077	0.107	0.080	0.083	0.090	0.095	0.112	0.147
	环境城镇化	0.000	0.043	0.074	0.103	0.099	0.108	0.126	0.204
协调度模型	C_i	12.76	7.77	5.23	5.23	4.19	3.61	2.99	2.54
	S_i	0.09	0.24	0.41	0.42	0.52	0.61	0.73	0.85
	D_i	1.05	1.37	1.47	1.47	1.48	1.48	1.48	1.47
	变化幅度		31.46%	6.92%	0.39%	0.03%	0.22%	-0.04%	-0.25%

其中，C_i 为第 i 个评价年份城镇化协调系数；S_i 为第 i 个评价年份的城镇化总分；D_i 为第 i 个评价年份城镇化协调度。

依据武汉城市圈 2010—2017 年新型城镇化协调度研究结果以及协调度变化幅度结果绘制折线图，直观展现整体协调度变化趋势和速度，如图 5-3，图 5-4 所示。

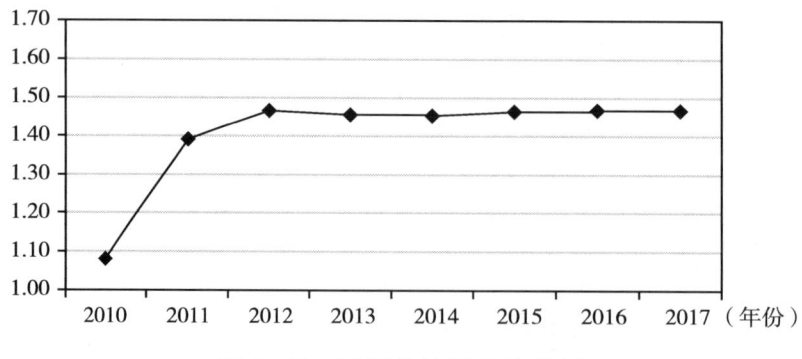

图 5-3　城镇化协调度变化图

由图5-3可以看出，武汉城市圈城镇化协调度呈现明显上升后趋于稳定的态势：2010—2012年协调度上升明显，体现了城镇化的推进工作明显考虑到协调化发展的重要意义，在2012年达到相对协调的发展水平后，整体的协调程度保持稳定。从数值来看，新型城镇化发展整体的协调度水平自2010年的1.08增长到2017年的1.47。但是具体来说，协调度系数是存在回落情况的，在2017年的协调度系数相对很低的情况下总体的协调程度趋于稳定，这主要是因为城镇化总体评价得分较高且保持逐年增长。实际上，表5-7得到的只是武汉城市圈整体的综合协调发展水平，但具体系统的协调发展情况包括协调发展系数回落的具体原因不仅需要结合前文中的子系统发展水平分析，还需要在后文中进一步了解子系统间的协调发展水平。

从协调度增长幅度来看可以分为两个阶段（如图5-4所示），第一阶段：增速回落阶段，2011—2013年呈现出急剧下滑的趋势，自31.46%下降至0.39%，主要是因为人口城镇化表现在三年间出现较大起伏；第二阶段：增速稳定阶段，在2013—2017年，各子系统的增长态势趋于稳定，增长幅度几乎趋近于0，整体协调度达到稳定状态。

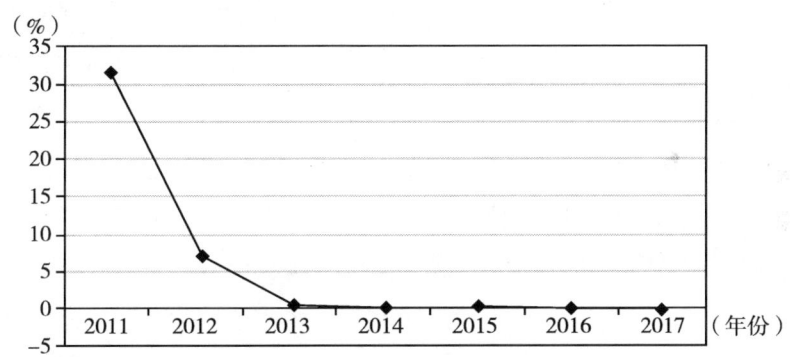

图5-4 城镇化协调度变化幅度趋势图

5.3.3 城镇化发展子系统耦合协调度分析

为进一步研究武汉城市圈人口、社会、土地、经济、生态子系统两两之间的协调关系，特引入耦合度模型并通过耦合协调度进行修正，结果如表5-8、表5-9所示。

表 5-8　　　　2010—2017 年城镇化子系统耦合度表

	人口城镇化	社会城镇化	土地城镇化	经济城镇化	生态城镇化
人口城镇化		0.49	0.50	0.50	0.50
社会城镇化	0.49		0.48	0.50	0.49
土地城镇化	0.50	0.48		0.49	0.50
经济城镇化	0.50	0.50	0.49		0.50
生态城镇化	0.50	0.49	0.50	0.50	

表 5-9　　　　2010—2017 年城镇化子系统耦合协调度表

	人口城镇化	社会城镇化	土地城镇化	经济城镇化	生态城镇化
人口城镇化		0.64	0.55	0.60	0.59
社会城镇化	0.64		0.62	0.67	0.66
土地城镇化	0.55	0.62		0.58	0.57
经济城镇化	0.60	0.67	0.58		0.62
生态城镇化	0.59	0.66	0.57	0.62	

根据耦合度结果来看，各子系统两两耦合程度位于中度至中度偏上的契合阶段，耦合水平相对合理但发展空间较大，距离子系统之间自动有序的发展状态仍有一段距离。

从修正的耦合协调度来看多数系统对属于初级协调阶段，少数属于勉强协调阶段。这说明子系统间的协调发展处于合理状态，但不可否认的是少数系统对的协调水平相对较弱。具体来说（见表 5-9），社会—经济城镇化协调度最高，达到 0.67，人口—土地城镇化协调度最低，在 0.51—0.60 层级，影响这两对子系统协调度结果的具体指标值得重点关注以便于在后续发展工作中做到取长补短，重点改善低协调水平系统对中具有重点影响力的指标。此外，人口—社会城镇化、社会—土地城镇化、社会—生态城镇化、经济—生态城镇化协调度均稳定位于 0.61—0.70 层级，在维持现状的基础上或可追求更高水平的协调发展。

5.3.4　城镇化子系统间协调关系影响因素分析

在前文中，笔者通过计算耦合协调度得到了协调水平相对最高和最低的子系统，然而为提供更具有针对性的发展建议，需要找到真正影响子系统协调关系的主要因素。针对协调水平较低的系统对可着重加强主要影响指标在后续城镇化发展中的维稳和改善，针对高协调水平的系统对可以在保持发展水平的同时，参考其主要影响指标在近年来所施行的发展方针和发展力度，指导有关部门进行相关优化工作。为此引入灰色关联分析法，分析原始数据与协调性之间的关联性。

灰色关联分析法是定量研究中用以比较系统之间或系统内各个因素在发展过程中随时间变化而相对变化的方法，具体使用方法是对各个因素和参考因素之间的关联度进行排序，进而得出主要的影响因素。因此采用灰色关联分析方法对武汉城市圈新型城镇化进程中的两两协调度的重点影响因素进行分析。

灰色关联分析的重点内容是计算关联系数和关联度，参考数列和比较数列分别为 $\{A_0(t)\}$ 和 $\{A_1(t), A_2(t), A_3(t), \cdots, A_0(t)\}$，$t = 1, 2, 3, \cdots, m$：

$$\xi_i(k) = \frac{\min\limits_{i}\min\limits_{k}|A_o(k) - A_i(k)| + \rho\max\limits_{i}\max\limits_{k}|A_o(k) - A_i(k)|}{|A_o(k) - A_i(k)| + \rho\max\limits_{i}\max\limits_{k}|A_o(k) - A_i(k)|}$$

（式 5 - 12）

灰色关联的本质思想是判断序列对应的曲线几何形状的相似程度，曲线形状越相似，序列之间的灰色关联度就越大。

比较曲线 A_i 和参考曲线 A_0 的关联度为：

$$r_i = \frac{1}{N}\sum_{k=1}^{N}\zeta_i(k)$$

（式 5 - 13）

灰色关联分析的目标是，总结弱协调度系统对发展问题，大力改进现状以突破协调性的局限问题；总结高协调度的系统对发展要点，充分发挥领先优势，并将发展方法贯彻落实以期长远进步。

具体分析过程是，选取耦合协调度最低的人口—土地城镇化系统，并再次求解 2010—2017 年逐年耦合协调度。

结果如表 5 - 10 所示。

表 5 - 10　　2010—2017 年人口—土地城镇化耦合协调度表

年份 指标	2010	2011	2012	2013	2014	2015	2016	2017
人口城镇化	0.001	0.037	0.128	0.033	0.057	0.124	0.176	0.106
土地城镇化	0.000	0.019	0.052	0.074	0.095	0.083	0.098	0.153
耦合协调度	0.000	0.115	0.201	0.158	0.192	0.225	0.257	0.252

构建以人口—土地城镇化协调度为参考数列，以人口城镇化子系统、土地城镇化子系统中所含具体指标为比较数列的灰色关联模型，依据（式 5 – 12）求解数列间的关联度，并认为高于关联度均值的对应指标为重要影响因素。结果如表 5 – 11 所示。

从结果来看，人口城镇化子系统中城镇人口比重、非农人口规模指标的关联度大于均值，土地城镇化子系统中的建成区面积、人均建成区面积均低于平均水平，人均道路面积逼近平均值，其中城镇人口比重和非农人口规模关联度更为突出。

表 5 – 11　　2010—2017 年人口—土地城镇化灰色关联模型表

参考数列	比较数列	2010 年	2011 年	2012 年	2013 年	2014 年	2015 年	2016 年	2017 年	关联度
人口与土地城镇化协调度	城镇人口比重	0.993	0.537	0.439	0.427	0.396	0.411	0.406	0.383	0.499
	非农人口规模	1.000	0.529	0.443	0.443	0.407	0.393	0.374	0.341	0.491
	万人大学生数	1.000	0.534	0.395	0.466	0.410	0.366	0.342	0.333	0.481
	建成区面积	1.000	0.522	0.383	0.467	0.413	0.376	0.348	0.369	0.485
	人均建成区面积	1.000	0.518	0.385	0.468	0.415	0.377	0.348	0.370	0.485
	人均道路面积	1.000	0.519	0.399	0.472	0.439	0.365	0.335	0.366	0.487
Average										0.488

总体来说，子系统间主要矛盾来源于人口城镇化水平，说明必须在实现扩大非农人口规模、鼓励乡村人口将经济生活向城镇转移的同时合理扩张建成区面积、完善道路规划，使土地城镇化进程与人口城镇化的脚步步调一致，达到提高土地利用率、改善交通拥堵现状、优化人均土地面积的效果，为大量新增城镇人口提供充足的生活空间和合理的生活条件，单方面的人口城镇化会给城镇地区带来显著的人口压力，必须共同促进人口与土地两者之间的协调关系向乐观方向发展。

同时笔者也选取耦合协调度最高的社会—经济城镇化系统，并再次求解 2010—2017 年逐年耦合协调度，如表 5 – 12 所示。

表 5 – 12　　2010—2017 年社会—经济城镇化耦合协调度表

指标＼年份	2010	2011	2012	2013	2014	2015	2016	2017
社会城镇化	0.013	0.038	0.076	0.112	0.164	0.184	0.206	0.238
经济城镇化	0.077	0.107	0.080	0.083	0.090	0.095	0.112	0.147
耦合协调度	0.125	0.179	0.197	0.220	0.246	0.257	0.275	0.306

同理构建以社会—经济城镇化协调度为参考数列,以社会城镇化、经济城镇化子系统中所含具体指标为比较数列的灰色关联模型,依据(式 5 – 11)求解数列间的关联度,并认为高于关联度均值的对应指标为重要影响因素。

由表 5 – 13 可知,影响社会—经济城镇化协调发展的主体是社会城镇化子系统,细分来看 GDP 增长速度的影响程度最大,其次是恩格尔系数,这两者的关联度明显高于平均关联水平;此外人均教育经费同样高于平均关联水平,而职工平均工资已经明显逼近平均关联水平,大致等同于平均值。由此说明,经济水平的不断提高仍旧是社会—经济协调发展的不变主题,优化人民生活品质和消费结构、加大教育资源投入、提高在职员工工资水平能够不断巩固和维系社会与经济城镇化协调关系,但是与此同时医疗资源的丰富和落实问题同样亟待解决。在新时期的城镇化发展过程中,各部门应当以经济发展为根本,社会服务为保障,优化人们生活环境,不断提高全民素质,帮助新进城镇人口快速、和谐地融入城镇生活,享受平等合理的生活条件。

表 5 – 13 2010—2017 年社会—经济城镇化灰色关联模型表

参考数列	关联系数	2010 年	2011 年	2012 年	2013 年	2014 年	2015 年	2016 年	2017 年	关联度
社会与经济城镇化协调度	恩格尔系数	0.796	0.635	0.614	0.604	0.604	0.592	0.548	0.524	0.615
	万人拥有公交车辆数	0.760	0.665	0.636	0.608	0.565	0.537	0.529	0.487	0.598
	万人病床数	0.760	0.652	0.627	0.604	0.574	0.565	0.547	0.512	0.605
	万人移动电话数	0.760	0.657	0.633	0.588	0.568	0.557	0.532	0.504	0.600
	人均教育经费	0.760	0.642	0.635	0.603	0.562	0.572	0.563	0.532	0.609
	人均 GDP	0.760	0.652	0.630	0.599	0.564	0.554	0.535	0.506	0.600
	GDP 增长速度	1.000	0.859	0.685	0.608	0.546	0.513	0.499	0.466	0.647
	非农产业产值比值	0.760	0.661	0.626	0.595	0.558	0.544	0.519	0.496	0.595
	职工平均工资	0.793	0.635	0.615	0.594	0.566	0.571	0.550	0.528	0.607
Average										0.608

整体来看,武汉城市圈新型城镇化近 8 年的发展情况展现了社会和经济城镇化对于整体城镇化发展的主要影响。在经济不断发展,人民生活条件、生活水平不断优化的当下,社会和经济城镇化发展的上升速度较快,影响效果较大,而同样具有相对较大影响力的土地城镇化发展则未处于优势地位,在保持当前乐观上升态势的同时也要加大政策力度,力求提高发展效率,进一步优化城镇化综合水平。相比较而言,人口城镇化的发展并不稳定,显著提升的态势并不持久,因此从人口城镇化问题入手,努力解决人口城镇化相关利益纠纷,深化

乡村人口城镇化力度，是构建人口、经济、土地、社会、生态城镇化协调发展的有效方向。

5.4　新型城镇化发展障碍因子分析

5.4.1　障碍因子诊断说明

在上文模型中，笔者已测算出系统整体、子系统间的协调水平以及起到主要作用的指标，在此基础上要对各个指标进行更深层次的系统分析，目的在于挖掘出影响武汉市城市圈综合城镇化水平以及协调度的主要因素，为制定差异化、针对性的政策措施提供理论支持。通常采用因子贡献度 F_{ij}（各指标对总体结果的影响程度）、指标偏离度 I_{ij}（各指标与100%之间差距）和障碍度 Y_{ij}、y_{ij}（第 i 年子系统和第 i 年各项指标对协调度的影响）三大指标进行分析：

$$F_{ij} = r_{ij} \times w_j \quad (式5-14)$$

$$I_{ij} = 1 - x'_{ij} \quad (式5-15)$$

$$y = \left[\frac{F_{ij} \times I_{ij}}{\sum_{j=1}^{n}(F_{ij} \times I_{ij})} \right] \times 100\% \quad (式5-16)$$

$$Y_{ij} = \sum y_{ij} \quad (式5-17)$$

其中，r_j 为第 j 项指标从属的子系统权重，w_j 为第 j 项指标的综合权重，x'_{ij} 为第 i 年第 j 项指标的标准化值。

5.4.2　新型城镇化协调发展障碍因子分析

对于武汉城市圈进一步发展的方针规划不仅要考虑发展现状，更要通过病理性的诊断判断阻碍综合城镇化进步的具体因素。为此引入障碍因子分析法，在对具体指标的障碍因子进行分析的基础上进一步研究各准则层（子系统）的障碍度。

依据（式5-16）可求得逐年各项指标对于新型城镇化协调发展的影响，以及8年以来各指标、各系统的整体影响水平，结果如表5-14所示。可以看到在初期阶段，由于整体的协调度较低，各指标各系统对于整体的障碍程度较高，随着协调性发展的不断深化，多数指标的发展态势呈现正向趋势。

表 5-14　　　　　　　　　　障碍因子求解结果表

系统	指标	2010 年	2011 年	2012 年	2013 年	2014 年	2015 年	2016 年	2017 年	y_{ij}	Y_{ij}
人口城镇化	城镇人口比重	9.24%	9.40%	5.60%	14.25%	14.47%	6.80%	0.00%	14.29%	9.26%	19.15%
	非农人口规模	6.60%	6.58%	1.02%	8.38%	7.87%	3.87%	0.00%	23.00%	7.17%	
	万人大学生数	3.44%	2.49%	1.59%	1.40%	1.63%	2.20%	0.00%	9.07%	2.73%	
社会城镇化	恩格尔系数	4.98%	7.67%	8.63%	5.72%	1.48%	0.89%	4.84%	0.00%	4.28%	18.42%
	万人拥有公交车辆数	3.36%	2.07%	1.94%	0.80%	0.78%	3.08%	0.00%	2.34%	1.79%	
	万人病床数	5.28%	5.21%	5.74%	4.05%	3.08%	2.56%	1.55%	0.00%	3.43%	
	万人移动电话数	4.62%	4.07%	4.15%	4.63%	2.67%	2.41%	3.24%	0.00%	3.23%	
	人均教育经费	6.98%	7.94%	7.61%	6.72%	7.79%	5.27%	3.20%	0.00%	5.69%	
土地城镇化	建成区面积	5.70%	5.90%	6.67%	4.72%	5.31%	5.23%	5.18%	0.00%	4.84%	14.13%
	人均建成区面积	5.76%	6.16%	6.47%	4.70%	5.14%	5.12%	5.38%	0.00%	4.84%	
	人均道路面积	5.34%	5.65%	3.98%	3.76%	1.29%	6.82%	8.76%	0.00%	4.45%	
经济城镇化	人均 GDP	4.79%	4.61%	4.74%	3.77%	3.49%	3.34%	2.89%	0.00%	3.45%	28.89%
	GDP 增长速度	2.17%	0.00%	7.30%	10.03%	14.45%	21.12%	27.89%	51.29%	16.78%	
	非农产业产值比值	3.84%	2.89%	3.60%	2.77%	2.58%	2.83%	4.10%	0.00%	2.83%	
	职工平均工资	5.44%	8.06%	8.99%	7.24%	6.76%	4.84%	5.31%	0.00%	5.83%	
环境城镇化	单位 GDP 能耗	4.56%	4.39%	3.85%	2.85%	2.38%	1.96%	1.28%	0.00%	2.66%	19.41%
	污水处理厂集中处理率	3.82%	3.08%	2.68%	1.43%	1.45%	0.84%	0.44%	0.00%	1.72%	
	生活垃圾处理率	3.33%	2.24%	1.05%	0.32%	0.31%	0.27%	0.35%	0.00%	0.98%	
	人均绿地面积	10.74%	11.59%	14.42%	12.46%	17.07%	20.56%	25.58%	0.00%	14.05%	

由表 5-15 总结可知障碍度位列前十的指标分别为 GDP 增长速度、人均绿地面积、城镇人口比重、非农人口规模、职工平均工资、人均教育经费、人均建成区面积、建成区面积、人均道路面积以及恩格尔系数。其中 GDP 增长速度和人均绿地面积的障碍度相对来说比较突出，也就是说当前武汉城市圈的经济发展水平和生态绿地面积维护与扩张没有与整体的城镇化水平相适应。

表 5-15　　　　　　　　　　单项指标障碍因子排序表

1	2	3	4	5	6	7	8	9	10
GDP 增长速度	人均绿地面积	城镇人口比重	非农人口规模	职工平均工资	人均教育经费	人均建成区面积	建成区面积	人均道路面积	恩格尔系数
16.78%	14.05%	9.26%	7.17%	5.83%	5.69%	4.84%	4.84%	4.45%	4.28%

从子系统的层面来看，障碍度排序如表 5-16 所示，依次为经济城镇化、生态城镇化、人口城镇化、社会城镇化、土地城镇化。由此看来，武汉城市圈应继续积极发展经济，由于武汉城市圈重工发展历史的原因，需要不断优化产业结构，进而提高 GDP 总量和增速；不以牺牲生态为代价实现城镇化发展，要继续加强节能减排事业的发展，不断提升绿化水平、扩大绿地面积，合理规范土地利用目的；不以单纯的城镇人口扩张为目的，而是将人民经济生活向城镇转移为导向，急需将人口城镇化发展步调与其他系统保持一致，避免出现城镇化易市民化难的局面；加大对于教育事业的投入，着重考虑高等教育机构的发展和在校生的培养方针，为城市发展输送智力人才，提高总体教育水平；提升卫生机构、基础设施的建设水平，为居民健康管理、日常通信、出行提供便利，即从科教文卫各个方面提升居民生活水平。

表 5-16　　　　　　　　　　子系统障碍因子排序表

1	2	3	4	5
经济城镇化	生态城镇化	人口城镇化	社会城镇化	土地城镇化
28.89%	19.41%	19.15%	18.42%	14.13%

第 6 章　城镇化土地流转双边匹配问题

6.1　引　言

2018 年 3 月 12 日中共中央办公厅、国务院办公厅印发了《关于引导农村土地经营权有序流转　发展农业适度规模经营的意见》，强调了坚持土地流转政策的重要性和必要性，明确指出伴随我国工业化、信息化、城镇化和农业现代化进程，农业物质技术装备水平不断提高，土地流转和适度规模经营是发展现代农业的必由之路。并提出土地流转政策要坚持农村土地集体所有权，稳定农户承包权，放活土地经营权；坚持依法、自愿、有偿原则，以农民为主体，政府扶持引导，市场配置资源。对于土地流转管理和服务，文件指出鼓励有关部门依托农村经营管理机构健全土地流转服务平台为流转双方提供信息发布、政策咨询、委托流转等服务，完善管理和服务网络。

目前我国农村土地流转发展状况良好，成效显著，突出表现为农村土地流转面积持续扩大、涉及农户数量逐渐增多、土地流转推进速度加快，且农村土地流转形式越来越灵活多样、农村土地流转经营趋向于多元化发展。但也仍然存在着土地流转合同不够规范、部分农民对土地流转认识尚不到位、流转的土地被改变农业用途以及部分中介服务参与度不高等问题。

中介服务机构的参与度不高且服务效率较低体现在，土地流转的供需双方在交易中所看重的因素是多样且复杂的，即会因人而异，每个人对各个因素的重要性也会有所区别，因而中介服务机构很难做到兼顾交易双方的偏好，匹配出一个最优结果，继而可能因为双方满意度不高，引发"毁约""退租"等现象频发。并且由于我国大部分省份农村土地都是农民之间在私下进行流转，在信息不够通畅、接触到的交易对象不广，且双方力量单一，没有充足的时间和精力的情况下，很难进行仔细充分的比较，找到满意的交易对象，这在一定程度上会影响农村土地流转的效率与双方的最终获益。而一旦土地流转中的双方达成合作，就会存在较长时间的合同关系，在这一过程中，双方对满意结果所看重的偏好也可能随着对交易对象了解的深入发生一定的改变，因此双方满意的维护是一个长期持续的动态发展过程。

因此，为了在这种合同长期有效的双边关系中寻求双方主体的满意度最大化，提高土地流转的效率，本书引入多阶段双边匹配模型，通过将土地流出方和土地流入方的偏好序带入模型求得最优解，从而得出使得双方满意度最大化的匹配结果。

以农村土地经营权流转的出让方和受让方为研究对象，以双边匹配为主要研究方法，探求在一个动态多阶段的过程中，如何建立具有不同类型信息的出让方和受让方双向选择的多指标评价匹配模型，提供了一种在多阶段情形下多指标双边匹配决策方法，实现土地经营权出让方和受让方在双边匹配过程中满意度最大，从而减少供求双方交易后的各种纷争，进而提高整个市场的运行效率。

在理论层面上，本书将多阶段双边匹配理论运用到农村土地经营权流转市场中，从提高土地经营权出让方和受让方满意度的视角来研究农村土地经营权流转市场上相互选择的问题，并在县级市层面上建立了出让方和受让方的满意度评价指标体系，进而研究得出土地经营权出让方和受让方多阶段双边匹配的决策方法，为提高土地流转效率的研究提供了一个新思路。

目前，在土地流转市场上，政府已经意识到完善产权体系、法制体系、市场基础设施的重要性，但是在这些建设完成后如何更有效地实现供需双方的交易匹配却没有得到足够的重视。诚然，现在已有相关的土地流转市场被建立，但无论是政府自营还是私人中介，都仅仅只是进行了资源的整合。不可否认，这些平台的出现从一定程度上提高了土地流转市场的交易效率，但这些效率的提高主要来自市场秩序的确立。他们忽略了提高市场运行效率的另外一个因素：交易主体。提高交易主体在交易过程中的满意度能够减少"重复交易"，节约交易成本，提高运行效率。

当前土地流转市场上出现的毁约等损害利益主体现象的原因一方面来自不健全的产权体系、不完善的法律体系和基础设施建设，另一方面也来自供需双方的由于信息不对称而产生的逆向选择和道德风险。因此，本项目将以湖南省浏阳市农村土地经营权流转中出让方和受让方的多阶段双边匹配为研究主题，主要通过建立土地经营权转让活动双方多指标评价体系，处理农村土地流转多阶段多指标偏好序和确立最终双边匹配模型来展开研究。其具体内容如下：

1. 土地经营权转让活动双方多指标评价体系的建立

本部分将土地经营出让方和受让方看作两个子系统，分别建立各自的评价指标体系，其具体内容如下：通过相关的文献回顾结合当地土地经营权流转现状和特点，得出土地流转相关评价指标体系，当指标内容确立之后，需要对指标进行权重赋值，从而进一步完善评价指标。通过在调研当地向土地经营权出让方和受让方分发问卷，从而分别得到匹配双方各主体对于对方各主体的多重偏好序，然后结合极大熵原理，通过指标权重优化模型得到评价指标体系中各指标的相对权重。

2. 计算综合偏好序信息

由于土地本身的性质，土地交易合约一般在一年以上，为了获取多阶段的偏好序信息，将进行间隔时间大约为一年的两次实地调研，从而分别得到不同阶段的匹配双方各主体对于对方各主体的多重偏好序。根据第一部分得到指标的相对权重，通过权重值，集合不同指标下的偏好序，从而得到广义偏好序信息，即单阶段的土地出让方和受让方各自的偏好序信息。然后通过建立匹配权重优化模型可以得到两个阶段的权重分布，进而将两阶段的广义偏好序集合为综合偏好序信息。

3. 双边匹配模型的确立

通过前面两部分得到了由多指标多阶段的多重偏好序集合成的综合偏好序信息，这里将通过匹配满意度函数将偏好序信息转化为满意度信息。然后建立最大化土地经营权出让方和受让方的满意度的多目标优化模型，至此，可以得到本项目所需的多阶段双边匹配模型。

国外大部分国家实行土地私有制，土地资源可以自由进入市场流通，在西方的相关土地经济学研究中更多使用土地交易的概念。而农村土地使用权流转的研究主要集中在苏联、中东欧和少数发展中国家。Besey（1995）发现稳定的土地产权能促进农民对土地的投资。Kung（2002）认为农户家庭劳动力的转移会对土地使用权流转情况产生影响。RUMANOVSKÁ、KOVÁČIK（2014）调研发现土地流转参与者在作决策时会先考虑农业用地的规划和经济能力范围，然后会考虑市场价格是否有上升趋势。

国外研究主要集中于运用数理模型分析土地流转对国家经济发展的促进效用,以及影响农户参与土地流转的因素。而对土地交易过程中交易双方所产生的矛盾、采用何种方法化解的研究较少。同时,较少学者关注土地流入方作出流入土地的决策过程。

随着家庭联产承包责任制的发展,国内学术界越来越关注土地流转问题,国内的土地流转市场研究主要集中于研究土地流转的现状及影响因素、存在问题、对策建议等。国内关于双边匹配理论的运用也在不断发展创新,研究适用领域不断扩大、研究方法不断完善。

在农户流转意愿的影响因素方面,从农户自身因素分析土地转出者和转入者流转意愿对土地流转产生的影响,农业年收入、自家耕地面积、农业产业基地规模、政府态度等都会影响土地流转进程。陈飞、翟伟娟(2015)认为土地价值、农业补贴、城市工资水平及就业机会对农户土地流转决策有显著影响。

针对我国土地流转市场的问题,薛凤蕊、乔光华、苏日娜(2011)的调研表明,当下我国土地流转市场存在问题多、市场效益低、流转不规范,土地流转价格存在价格偏低、定价随意、地区差异较大的问题。宋宜农(2017)分析认为当下农村土地流转活动中收益分配不合理,土地流转价格评估体系不完善,缺乏中介服务组织。路征、李睿(2017)提出土地流转市场存在机制不健全,农民利益受损,资源利用率不高的问题。高宇、林倩倩、邵晋伟(2017)依据历史脉络梳理我国土地流转市场不同阶段存在的问题,指出陈旧的户籍制度、传统土地观念制约当下土地流转活动。当下我国土地流转市场存在问题多、市场效益低、流转不规范等现象,但是大多数的研究停留在现象分析与实证层面,对于实际操作中如何促进土地流入方与流出方达成合作协议的作用有限,将交易双方割裂开研究问题并不能得出较全面的结论。

双边匹配理论根据双方主体的不同偏好和要素,构建一个总体满意度最高的匹配体系。美国学者 Gale. D 和 L. S. Shapley(1962)在研究学生入学匹配和男女婚姻匹配时首次提出并运用双边匹配模型。近些年双边匹配理论的研究范围更加广泛,万树平、李登峰(2014)根据风险投资商多指标双边匹配的问题,构建多边匹配决策方法,计算出投资企业和风险投资商的总体感和感知价值。张千慧(2015)运用多边匹配模型解决技术交易中供需主体的决策问题。乐琦、樊治平（2015）完善双边匹配在信息不完全环境下的决策方法。段歆玮、詹文杰、杨洁（2016）发展了多属性情境下线性运算方法。

虽然近年来我国学术界在研究土地经营权流转领域取得了一些成果，有了一些可以借鉴的研究思路和方法，但研究重点主要集中在土地经营权流转的现状、制约土地经营权流转的因素上，对于如何高效促进土地流入方和流出方达成流转协议的相关研究还比较少。因此，本书主要研究土地经营权流转双方在既有流转意愿的背景下如何选择最优合作方，以达成交易效益最大化的匹配方案，在前人研究成果的基础上，填补土地经营权流转活动双向匹配最优化的理论空白。

6.2 多重偏好序下的多阶段多对一双边匹配模型

6.2.1 模型假设

农村土地流转是土地经营权出让方与土地经营权受让方共同协商、选择的过程，土地经营权出让方（农户）会根据对潜在的土地经营权受让方给出的偏好信息来进行最优选择，同时土地经营权受让方也会根据对潜在的土地经营权出让方给出的偏好信息进行选择，土地经营权出让方与土地经营权受让方的双向选择过程可视为双边匹配问题。土地经营权出让方拥有的可流转土地面积可能较小、具有分散性，因此多个土地经营权出让方会与单个土地经营权受让方进行交易，此时土地经营权出让方与土地经营权受让方的相互选择又可视为多对一双边匹配问题。

假设土地经营权出让方集 $X=\{X_1,X_2,\cdots,X_M\}$，其中 X_i 表示第 i 个土地经营权出让方，$i \in \{1,2,\cdots,M\}$，$M \geq 2$；土地经营权受让方集 $Y=\{Y_1,Y_2,\cdots,Y_N\}$，其中 Y_j 表示第 j 个土地经营权受让方，$j \in J=\{1,2,\cdots,N\}$，$N \geq 2$。

多对一双边匹配定义：定义映射 $\mu: X \cup Y \to X \cup Y$，且 $\forall X_i \in X, Y_j \in Y$，满足以下条件：

a. $|\mu(X_i)| \leq 1|, |\mu(Y_j)| \leq M|, M \geq 2$；

b. $\mu(X_i) \in Y \cup \{X_i\}$,$\mu(Y_j) \subseteq X \cup \{Y_j\}$；

c. $\mu(X_i) = Y_j$ 当且仅当 $X_i \in \mu(Y_j)$；

d. 如果 $\mu(X_i) \notin Y$，那么 $\mu(X_i) = X$；如果 $\mu(Y_j) \notin 2^A$，那么 $\mu(Y_j) = Y$。

$|\mu(X_i)|$ 和 $|\mu(Y_j)|$ 分别表示与土地经营权出让方 X_i 匹配的土地经营权受让方 Y_j 数量和与土地经营权受让方 Y_j 匹配的土地经营权出让方 X_i 数量；本书研究多对一双边匹配问题，假定土地经营权出让方 X_i 拥有的可流转土地面积较小，多个土地经营权出让方 X_i 会与单个土地经营权受让方 Y_j 进行交易，用 $|\mu(Y_j) \leq M|$ 表示；单个出让方主体 X_i 最多只能与一个受让方主体 Y_j 进行匹配，用 $|\mu(X_i) \leq 1|$ 表示。$\mu(X_i) = Y_j$ 表示 X_i 与 Y_j 进行匹配。特别地，$\mu(X_i) = X_i$ 和 $\mu(Y_j) = Y_j$ 分别表示在匹配方案 μ 中 X_i 和 Y_j 没有匹配对象。

6.2.2　多重偏好序

假设 $R_{ij} = (r_{i1}, r_{i2}, \ldots, r_{iN})$ 为土地经营权出让方 X_i 对土地经营权受让方 Y_j 的确定偏好序信息；同理 $L_{ij} = (l_{i1}, l_{i2}, \ldots, l_{ij})$ 为土地经营权受让方 Y_j 对土地经营权出让方 X_i 的确定偏好序信息；假设土地经营权出让方 X 根据指标集 $C = \{C_1, C_2, \ldots, C_c\}$ 对土地经营权受让方 Y 进行评价，土地经营权受让方 Y 根据指标集 $D = \{D_1, D_2, \ldots, D_d\}$ 对土地经营权出让方 X 进行评价。R_{ij}^{kr} 是 t_k 阶段主体土地经营权出让方 X_i 在指标 C_r 下对于土地经营权受让方 Y_j 的偏好序信息，且 R_{ij}^{kr} 值越小，表明土地经营权出让方 X_i 对土地经营权受让方 Y_j 的满意度越大。同理 L_{ij}^{kh} 则是在 t_k 阶段土地经营权受让方 Y_j 在指标 D_h 下对于土地经营权出让方 X_i 的偏好序信息，且 L_{ij}^{kh} 值越小，则表明土地经营权受让方 Y_j 对土地经营权出让方 X_i 的满意度越大。

6.2.3　多阶段双边匹配

浏阳市现行的土地流转时长大多数超过一年，因此本书旨在构建长期稳定的匹配机制，通过将时间因素加入到双边匹配模型中，探究出让方与受让方的偏好序是否会随时间改变，综合多阶段的偏好序信息确定在长期内实现稳定的双边匹配机制。

假设 $T = \{t_1, t_2, \cdots, t_p\}$ 为多阶段集，即 T 为研究阶段；一个阶段假定为一年，分为两阶段研究，因此阶段集可表示为 $T = \{t_1, t_2\}$。假设 w_i^k 与 w_j^k 分别为 t_k 阶段主体 X_i 与 Y_j 的阶段匹配权重，$k = \{1, 2\}$，且满足 $w_i^k, w_j^k \in [0, 1]$，$\sum_{k=1}^{p} w_i^k = 1$，$\sum_{k=1}^{p} w_j^k = 1$，由阶段匹配权重得出多阶段的综合偏好序 R_{ij} 及 L_{ij}，并由此建立双边匹配模型，如图 6-1 所示。

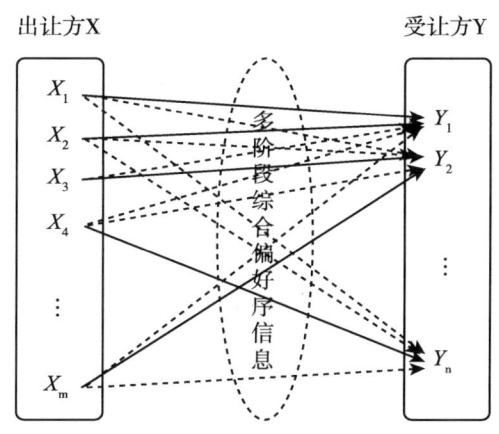

图 6-1 土地流转多阶段多对一双边匹配示意图

1. 集合多重偏好序信息得到广义偏好序信息 R_{ij}^k 及 L_{ij}^k

（1）得到单阶段出让方 X 在指标集 C 下对受让方 Y 的偏好序信息。以指标集 $C = \{C_1, C_2, \cdots, C_c\}$ 为例，在一级指标 $C_1, C_2, \cdots, C_c$ 下设二级指标 $C_{11}, C_{12}, \cdots, C_{21}, \cdots, C_{c1}, \cdots$，通过调研收集出让方关于二级指标的偏好信息，使用 AHP 方法计算得到出让方 X 在每个一级指标下对受让方 Y 的偏好序值，从而得到出让方 X 的偏好序信息 R_{ij}^{kr}；同理可得受让方 Y 的偏好序信息 L_{ij}^{kh}。

（2）确定出让方 X 指标权重 w_r^k 与受让方 Y 的指标权重 w_h^k。由于偏好信息的不确定，指标权重也带有不确定性，因此可以利用极大熵原理，建立指标优化模型：

$$\max G = -\sum_{j=1}^{N} \sum_{i=1}^{M} \sum_{r=1}^{c} R_{ij}^{kr} w_r^k, \max H = -\sum_{r=1}^{c} w_r^k \ln w_r^k$$

$$s.t. \sum_{r=1}^{c} w_r^k = 1$$

（式 6-1）

对式 6-1 的目标函数进行无量纲化处理，将上述多目标优化的模型转化为单目标模型（式6-2）：

$$\max F = \lambda \frac{G - G_{\min}}{G_{\max} - G_{\min}} + (1-\lambda) \frac{H - H_{\min}}{H_{\max} - H_{\min}}$$

（式6-2）

$$s.t. \sum_{r=1}^{c} w_r^k = 1, w_r^k \geq 0, \lambda \in (0,1)$$

构造拉格朗日函数如下：

$$L(w_1^k, w_2^k, \ldots, w_c^k, \eta) = -A_1 \sum_{j=1}^{N} \sum_{i=1}^{M} \sum_{r=1}^{c} R_{ij}^{kr} w_r^k - B_1 \sum_{r=1}^{c} w_r^k \ln w_r^k - A_2 - B_2 + \eta(w_r^k - 1)$$

由极值理论求解得最优解 w_r^k，同理也可以确定土地经营权受让方 Y 的指标权重 w_h^k。

（3）得到 t_k 阶段出让方 X_i 对于受让方 Y_j 的偏好序值 R_{ij}^k 与出让方 X_i 对于受让方 Y_j 的偏好序值 L_{ij}^k。

$$R_{ij}^k = \sum_{r=1}^{c} R_{ij}^{kr} w_r^k, i = 1,2,\ldots,M, j = 1,2,\ldots,N, k = 1,2 \quad \text{（式6-3）}$$

$$L_{ij}^k = \sum_{r=1}^{c} L_{ij}^{kh} w_h^k, i = 1,2,\ldots,M, j = 1,2,\ldots,N, k = 1,2 \quad \text{（式6-4）}$$

式6-3和式6-4是对多重偏好序信息的集结，R_{ij}^k 为广义偏好序值，且 R_{ij}^k 越小说明主体土地经营权出让方 X_i 对主体土地经营权受让方 Y_j 越满意。同理 L_{ij}^k 越小，说明主体土地经营权受让方 Y_j 对土地经营权出让方 X_i 越满意。

2. 集合多阶段偏好序信息得到综合广义偏好序值 R_{ij} 及 L_{ij}

假设一个定义：$R_+^k = (R_{1+}^K, R_{2+}^K, \ldots, R_{M+}^K), R_{i+}^k = \min\{R_{ij}^k, j = 1,2,\ldots,N\}$，

$R_-^k = (R_{1-}^k, R_{2-}^k, \ldots, R_{M-}^k), R_{i-}^k = \max\{R_{ij}^k, j = 1,2,\ldots,N\}$，

则 R_+^k、R_-^k 是第 k 个阶段土地经营权出让方 X 的最优匹配解与最劣匹配解。

（1）计算土地经营权受让方 Y 的贴近度。假设第 k 个阶段的土地经营权受让方 Y_j 与土地经营权出让方 X 的最优与最劣匹配解的距离分别 S_{j+}^k、S_{j-}^k，计算公式如下：

$$S_{j+}^k = \sqrt{\sum_{i=1}^{M}(R_{ij}^k - R_{i+}^k)^2}, j = 1,2,\ldots,N, k = 1,2$$

$$S_{j-}^k = \sqrt{\sum_{i=1}^{M}(R_{ij}^k - R_{i-}^k)^2}$$

（式6-5）

则土地经营权受让方 Y_j 的贴近度为 S_j^k，计算公式如下：

$$S_j^k = \frac{S_{j+}^k}{S_{j+}^k + S_{j-}^k}, j = 1,2,\cdots,N, k = 1,2, 0 \leq S_j^k \leq 1 \qquad (式6-6)$$

S_j^k 越小，表明土地经营权受让方 Y_j 越接近土地经营权出让方 X 的最优匹配解。

（2）计算出让方 X 的阶段匹配权重 w_i^k 与受让方 Y 的阶段匹配权重 w_j^k。由于在多阶段过程中，偏好信息可能会发生改变，应建立匹配权重优化模型，使贴近度的变动程度最小。

$$\min S = \frac{1}{p}\sum_{j=1}^{N}\sum_{k=1}^{p}(S_j^k w_j^k - \frac{1}{p}\sum_{k=1}^{p}S_j^k w_j^k)^2$$

$$s.t. \begin{cases} \tau_j = \sum_{k=1}^{p}\frac{p-k}{p-1}w_j^k, j=1,2,\cdots,N \\ \sum_{k=1}^{p}w_j^k = 1, w_j^k \geq 0 \end{cases} \qquad (式6-7)$$

$\tau_j \in [0,1]$ 是给定的 Orness 测度，反映了在不同阶段内主体对信息的偏好程度，当 τ_j 接近于 1 时，表明主体偏好远期的信息，当 τ_j 接近于 0 时，表明主体偏好近期的信息，当 τ_j 等于 0.5 时，则表明主体对各期信息偏好程度相同。同理可计算出土地经营权受让方 Y 的匹配权重 w_j^k。

（3）计算出让方 X_i 对受让方 Y_j 的综合广义偏好序值 R_{ij} 与受让方 Y_j 对主出让方 X_i 的综合广义偏好序值 L_{ij}。对土地流转双方多个阶段的偏好序信息进行集合得到综合偏好序，做如下计算：

$$R_{ij} = \sum_{k=1}^{p}R_{ij}^k w_i^k, i = 1,2,\cdots,M, j = 1,2,\cdots,N, k = 1,2 \qquad (式6-8)$$

$$L_{ij} = \sum_{k=1}^{p}L_{ij}^k w_j^k, i = 1,2,\cdots,M, j = 1,2,\cdots,N, k = 1,2 \qquad (式6-9)$$

公式 6-8 和公式 6-9 是对多阶段广义偏好序信息的集合，则 R_{ij} 为正实数，且 R_{ij} 越小说明出让方 X_i 对受让方 Y_j 越满意。同理 L_{ij} 越小，说明受让方 Y 对出让方 X_i 越满意。

3. 多重偏好序下多阶段双边匹配模型的建立

$R_{ij} = (r_{i1}, r_{i2}, \cdots, r_{iN})$ 是土地经营权出让方 X_i 对土地经营权受让方 Y_j 的综合偏好序，假定 $F_i = \{1,2,\cdots,f_i\}$，f_i 表示出让方 X_i 对受让方 Y_j 感兴趣的主体总数，$f_i \leq M$，$r_{ij} \in F_i$ 表示出让方 X_i 对受让方 Y_j 感兴趣，且将受让方 Y_j 排在第 r_{ij} 个位置。

（1）计算匹配满意度。匹配满意度：设 α_{ij} 为土地经营权出让方 X_i 对土地

经营权受让方 Y_j 的满意度，β_{ij} 为土地经营权受让方 Y_j 对土地经营权出让方 X_i 的满意度，为了更好地描述多对一双边匹配主体的满意度，采用了以下满意度公式：

$$\alpha_{ij} = \begin{cases} \left(-\dfrac{1}{f_i}r_{ij} + \dfrac{f_i+1}{f_i}\right)^{\theta}, r_{ij} \in F_i \\ -M, r_{ij} = \phi \end{cases}, i \in M; j \in N \quad （式6-10）$$

$$\beta_{ij} = \begin{cases} \left(-\dfrac{1}{k_j}l_{ij} + \dfrac{k_j+1}{k_j}\right)^{\xi}, l_{ij} \in K_j \\ -M, l_{ij} = \phi \end{cases}, i \in M; j \in N \quad （式6-11）$$

其中为 M 为足够大的正数，满意度函数 α_{ij}、β_{ij} 是关于综合偏好序 R_{ij}、L_{ij} 的递减函数，当 $\alpha_{ij}=1$、$\beta_{ij}=1$ 时说明匹配主体对序值为 1 的匹配主体的满意度为 1，当一个主体对另一主体不感兴趣时，即综合偏好序值 $r_{ij} = \phi$ 或 $l_{ij} = \phi$ 时，其主体的满意度为 $-M$。

（2）建立双边匹配多目标优化模型。假设 x_{ij} 为 0—1 变量，当 x_{ij} 的值为 0 时，$\mu(X_i) \neq Y_j$ 表示土地经营权出让方 X_i 与土地经营权受让方 Y_j 不匹配，当 x_{ij} 的值为 1 时，$\mu(X_i) = Y_j$ 表示土地经营权出让方 X_i 与土地经营权受让方 Y_j 匹配，以最大化匹配双方的满意度和最小化双方的差异度为目标，建立双边匹配模型：

$$\max Z_1 = \sum_{i=1}^{M}\sum_{j=1}^{N} \alpha_{ij}x_{ij} \quad （式6-12）$$

$$\max Z_2 = \sum_{i=1}^{M}\sum_{j=1}^{N} \beta_{ij}x_{ij} \quad （式6-13）$$

$$\min Z_3 = \sum_{i=1}^{M}\sum_{j=1}^{N} |\alpha_{ij} - \beta_{ij}|x_{ij} \quad （式6-14）$$

$$s.t. \quad \sum_{j=1}^{N} x_{ij} \leq 1, i=1,2,\cdots,M \quad （式6-15）$$

$$\sum_{i=1}^{M} x_{ij} \leq M, j=1,2,\cdots,N \quad （式6-16）$$

$$x_{ij} + \sum_{k:R_{ik}<R_{ij}} x_{ik} + \sum_{l:L_{lj}<L_{ij}} x_{lj} \geq 1, i=1,2,\cdots,M, j=1,2,\cdots,N \quad （式6-17）$$

$$\sum_{i=1}^{M}\sum_{j=1}^{N} x_{ij} = \min\{M,N\} \quad （式6-18）$$

公式 6-12 表示使出让方 X 的满意度最大化；公式 6-13 表示使受让方 Y 的满意度最大化；公式 6-14 表示最小化双边主体的满意度的差异；公式 6-15 表

示出让方 X_i 最多与受让方 Y 中的一个主体匹配;公式 6-16 表示受让方 Y_j 最多与出让方 X 中的 M 个主体进行匹配;在稳定匹配 μ 中,如果 $\mu(X_i) \neq Y_j$ 成立,至少满足下列条件之一:

  a) $\mu(X_i) = Y_k$, $Y_k \in Y$, $R_{ik} < R_{ij}$

  b) $\mu(X_l) = Y_j$, $Y_l \in Y$, $L_{lj} < L_{ij}$

否则匹配对 (X_i, Y_j) 会成为阻碍稳定对,则公式 6-17 表示稳定匹配约束条件,公式 6-18 表示双边匹配数量约束条件。

  (3) 模型求解。为求解上述的多目标优化模型,可以采用线性加权法对目标函数 Z_1、Z_2、Z_3 进行加权,假设 w_1、w_2、w_3 分别为目标函数 Z_1、Z_2、Z_3 的权重,且满足 $0 \leq w_1, w_2, w_3 \leq 1$,$w_1 + w_2 + w_3 = 3$,模型可转化为如下形式:

$$\max Z = \sum_{i=1}^{M} \sum_{j=1}^{N} [w_1 \alpha_{ij} + w_2 \beta_{ij} - w_3 |\alpha_{ij} - \beta_{ij}|] x_{ij} \quad \text{(式 6-19)}$$

$$s.t. \quad \sum_{j=1}^{N} x_{ij} \leq 1, i = 1, 2, \cdots, M \quad \text{(式 6-20)}$$

$$\sum_{i=1}^{M} x_{ij} \leq M, j = 1, 2, \cdots, N \quad \text{(式 6-21)}$$

$$x_{ij} + \sum_{k: R_{ik} < R_{ij}} x_{ik} + \sum_{l: L_{lj} < L_{ij}} x_{lj} \geq 1, i = 1, 2, \cdots, M, j = 1, 2, \cdots, N \quad \text{(式 6-22)}$$

$$\sum_{i=1}^{M} \sum_{j=1}^{N} x_{ij} = \min\{M, N\} \quad \text{(式 6-23)}$$

由于该模型中目标函数和约束条件均是线性的,因此可采用整数规划方法求解。

6.3 多对一双边匹配实例分析

6.3.1 土地流转双方指标体系构建

  该评价指标体系共有两个主体,分别为土地经营权的出让方和受让方,为了简化描述,下文中用出让方和受让方分别指代土地经营权的出让方和受让方。其中,出让方指拥有承包经营权的农户,受让方可以分为农业公司、农业合作社、家庭农场、农业大户和普通农户。同时出让方和受让方既是评价主体,又是被评价对象。因此,构建如下两个评价指标子体系。

1. 土地经营权出让方对受让方评价指标体系的构建

土地对于农民的重要程度主要体现在土地给农民带来的收入功能、预期功能和社会保障功能(刘莉君,2010)。收入功能即能通过耕种土地取得收益;预期功能则是指因为拥有土地经营权而能够获得长期收益;社会保障功能指土地因其自身的自然和社会属性而衍生出来的基本生活保障功能等。前两者可归为土地的收益属性,在流转过程中可以从受让方得到补偿,而后者则是土地的社会属性,主要由政府部门来负责保障。所以,从受让方得到的经济回报的多少将会是农民评价受让方的主要指标。

土地经营权流转的形式多样,且不同的流转形式带来的获益方式也不尽相同。例如,如果农民选择出租土地经营权,那么农民将会得到固定的租金;如果农民选择以土地经营权入股,那么他们除了获得固定的租金外,还会获得年终分红。对于出租这种获得固定收益的流转形式,农户一般不会考虑受让方属性。因此,假设以出租形式来流转土地的农户对于受让方偏好无差异。而对于入股这种流转形式,农户除了获得固定的租金外还会获得分红。由于分红与受让方经营绩效是直接相关的,可以通过评价受让方经营绩效来衡量经济回报的大小。

2. 土地经营权受让方对出让方评价指标体系的建立

土地受让方转入土地的目的主要是进行农业生产来获得收益。为了获取最大的利润,土地受让方需要在扩大收益的同时降低成本。

土地获得收益的大小主要与土地的流转品质相关,通过大量的文献分析和筛选,结合调研地的自身特点,将收益指标设为:土地的产量、土地的面积、土地集中度、土地出让年限。另外,土地流转成本主要由租金和分红组成。因为分红具有一定的不确定性,且主要由受让方的绩效决定,所以不适合作为受让方评价出让方的指标,因此使用租金来评价土地流转成本,而这与农户自身的特征有关。一般来说,农户越依赖土地获取收益,他提出的出让价就越高。因为相对于其他农户,他出让土地经营权的风险更高。因此,采用务农收入占农户家庭总收入的比来刻画该指标。

指标体系的具体构建如表6-1所示。

表 6-1　　　　　　　　　　　指标体系构建及说明

体系	一级指标		二级指标		指标说明
出让方对受让方的评价指标体系	C_1	粮食综合生产能力	C_{11}	土地产出率	衡量单位土地产出作物的能力，计算公式如下：$C_{11} = \dfrac{土地流转主体作物产量}{土地流转主体种植面积}$
			C_{12}	科技支撑水平	通过雇佣技术人员的数量衡量
			C_{13}	抗风险能力	衡量受让方应对自然灾害等情况的能力，通过计算流转后投保比例得到
	C_2	市场竞争能力	C_{21}	生产收益率	受让方主体市场竞争力的核心指标之一，计算公式如下：$C_{21} = \dfrac{流转主体经营净收益}{流转主体经营成本}$
			C_{22}	机械化程度	一定程度上衡量了受让方主体的现代化程度，计算公式如下：$C_{22} = \dfrac{流转主体机械投入总额}{流转主体土地流转总面积}$
			C_{23}	农产品品质	受让方主体市场竞争力的核心指标之一，通过引入良品率衡量
	C_3	可持续发展能力	C_{31}	主体经营持续性	使用受让方主体参与流转活动年限衡量
			C_{32}	资源节约	可持续发展的核心指标，通过土地利用率衡量
			C_{33}	环境友好能力	可持续发展的核心指标，通过化肥使用率衡量
受让方对出让方的评价指标体系	D_1	土地流转品质	D_{11}	土地产量	由调研得出
			D_{12}	土地面积	由调研得出
			D_{13}	土地集中度	衡量出让方待流转土地的空间分布特征，计算公式如下：$D_{13} = \dfrac{待流转土地面积}{所处耕种区域总面积}$
			D_{14}	土地出让年限	由调研得出
	D_2	土地流转成本	D_{21}	租金	通过务农收入占家庭总收入的比例衡量

在表 6-1 中，分为"出让方对受让方的评价指标体系"和"受让方对出让方的评价指标体系"两部分。

6.3.2 问卷调查

为了得到土地经营权流转双方的相关数据,将调研地点选在了湖南省浏阳市。浏阳市是一个典型的农业发达城市,也是湖南省重要的粮食生产基地。该市耕地面积广阔,且农业人口占比高达 89.5%。更重要的是,浏阳市是我国土地流转的试点城市。在浏阳市政府的积极引导下,近年来,该市土地流转规模持续扩大,土地流转效果显著,因此十分适合作为本书的调研对象。

在调研期间,一共走访了 40 余户农户。在除去不符合要求的调研对象(即未发生土地流转的农户)以及信息不完整的问卷后,最终得到了 26 份有效问卷。其中有 6 份为土地经营权流转的受让方,20 份为土地经营权流转的出让方。符合模型所需的数据特征。通过对数据的初步整理,得到了出让方和受让方的指标数据,如表 6-2 至表 6-5 所示。

表 6-2　　　　　　　　　　2017 年出让方指标

问卷编号	出让方指标(2017)			
	土地流转品质			流转土地成本
	土地产量(斤每亩)	土地面积(亩)	土地成片(块)	租金(元每亩)
1	1000	4	4	390
2	750	6	5	300
3	1000	5.5	4	400
4	1000	3	4	420
5	1000	3	4	390
6	1000	3	4	380
7	1000	8	9	400
8	750	3	3	200
9	800	3	5	150
10	900	5	4	350
11	1000	10	6	400
12	1000	4	5	380
13	950	5	4	400

续表

问卷编号	出让方指标（2017）			
	土地流转品质			流转土地成本
	土地产量（斤每亩）	土地面积（亩）	土地成片（块）	租金（元每亩）
14	1000	6	5	350
15	1000	5	5	390
16	1000	12	5	450
17	900	3	4	350
18	1000	6	6	400
19	800	4	5	200
20	800	3	4	180

表6-3　　2018年出让方指标

问卷编号	出让方指标（2018）			
	土地流转品质			流转土地成本
	土地产量（斤每亩）	土地面积（亩）	土地块数（块）	租金（元每亩）
1	1000	4	4	400
2	750	6	5	300
3	1000	5.5	4	400
4	1000	3	4	400
5	1000	3	4	400
6	1000	3	4	380
7	1000	8	9	390
8	750	3	3	250
9	800	3	5	180
10	900	5	4	390
11	1000	10	6	420
12	1000	4	5	400
13	950	5	4	400
14	1000	6	5	390
15	1000	5	5	400

续表

问卷编号	出让方指标（2018）			
	土地流转品质			流转土地成本
	土地产量（斤每亩）	土地面积（亩）	土地块数（块）	租金（元每亩）
16	1000	12	5	480
17	900	3	4	390
18	1000	6	6	420
19	800	4	5	180
20	800	3	4	200

表 6-4　　　　　　　　　　2017 年受让方指标

问卷编号	受让方指标（2017）						
	粮食综合生产能力			市场竞争能力		可持续发展能力	
	单位产出率	科技支撑水平	抗风险能力	生产收益率	机械化程度	主体经营持续性	环境友好能力
1	250	3	2.6	0.2	55	8	5
2	280	4	2.3	0.83	40	8	9
3	300	0	2	0.67	1	10	2
4	310	4	2	0.3	2	5	7
5	300	2	2	0.62	2	12	8
6	300	3	2	0.67	0	10	2

表 6-5　　　　　　　　　　2018 年受让方指标

问卷编号	受让方指标（2018）						
	粮食综合生产能力			市场竞争能力		可持续发展能力	
	单位产出率	科技支撑水平	抗风险能力	生产收益率	机械化程度	主体经营持续性	环境友好能力
1	320	5	2.6	0.55	200	9	4
2	300	5	2.3	0.3	56	9	8
3	300	3	2	0.4	1.2	11	6
4	340	4	2	0.65	3	6	7
5	280	2	2	0.4	4	13	10
6	300	4	2	0.67	0.4	11	4

6.3.3 数据处理和模型计算

为了将上述数据整理为多重偏好序信息，需要得到一级指标（即出让方的土地流转品质、流转土地成本，以及受让方的粮食综合生产能力、市场竞争能力、可持续发展能力）下的偏好序信息，即需要依据一级指标进行综合评价排序。由于一级指标下设多个二级指标，因此这是一个典型的多属性决策问题，且每组二级指标的数据都构成了一个决策矩阵。

由于二级指标间不可公度，需要数据预处理。为了使每个属性值变换后的最优值为 1 且最差值为 0，本书采用了标准 0—1 变换。按照标准 0—1 变换的规则，当 j 为效益属性时，令：

$$Z_{ij} = \frac{y_{ij} - y_j^{\max}}{y_j^{\max} - y_j^{\min}}$$

当 j 为成本属性时，令：

$$Z_{ij} = \frac{y_j^{\max} - y_{ij}}{y_j^{\max} - y_j^{\min}}$$

按照本书指标说明设定，成本性指标有土地成片、租金和环境友好能力，其余指标均为效益性指标。经过去量纲化的数据如表 6-6—表 6-8 所示。

表 6-6　　　　　　　　　　　出让方指标

时间	2017				2018			
主体	D1			D2	D1			D2
	D11	D12	D13	D21	D11	D12	D13	D21
X1	1.00	0.11	0.83	0.20	1.00	0.11	0.83	0.27
X2	0.00	0.33	0.67	0.50	0.00	0.33	0.67	0.60
X3	1.00	0.28	0.83	0.17	1.00	0.28	0.83	0.27
X4	1.00	0.00	0.83	0.10	1.00	0.00	0.83	0.27
X5	1.00	0.00	0.83	0.20	1.00	0.00	0.83	0.27
X6	1.00	0.00	0.83	0.23	1.00	0.00	0.83	0.33
X7	1.00	0.56	0.00	0.17	1.00	0.56	0.00	0.30
X8	0.00	0.00	1.00	0.83	0.00	0.00	1.00	0.77

续表

时间	2017				2018			
主体	D1			D2	D1			D2
	D11	D12	D13	D21	D11	D12	D13	D21
X9	0.20	0.00	0.67	1.00	0.20	0.00	0.67	1.00
X10	0.60	0.22	0.83	0.33	0.60	0.22	0.83	0.30
X11	1.00	0.78	0.50	0.17	1.00	0.78	0.50	0.20
X12	1.00	0.11	0.67	0.23	1.00	0.11	0.67	0.27
X13	0.80	0.22	0.83	0.17	0.80	0.22	0.83	0.27
X14	1.00	0.33	0.67	0.33	1.00	0.33	0.67	0.30
X15	1.00	0.22	0.67	0.20	1.00	0.22	0.67	0.27
X16	1.00	1.00	0.67	0.00	1.00	1.00	0.67	0.00
X17	0.60	0.00	0.83	0.33	0.60	0.00	0.83	0.30
X18	1.00	0.33	0.50	0.17	1.00	0.33	0.50	0.20
X19	0.20	0.11	0.67	0.83	0.20	0.11	0.67	1.00
X20	0.20	0.00	0.83	0.90	0.20	0.00	0.83	0.93

表6-7 2017年受让方指标

时间	指标	主体	Y1	Y2	Y3	Y4	Y5	Y6
2017	C1	C11	0.00	0.50	0.83	1.00	0.83	0.83
		C12	0.75	1.00	0.00	1.00	0.50	0.75
		C13	1.00	0.50	0.00	0.00	0.00	0.00
	C2	C21	0.00	1.00	0.75	0.16	0.67	0.75
		C22	1.00	0.73	0.02	0.04	0.04	0.00
	C3	C31	0.43	0.43	0.71	0.00	1.00	0.71
		C32	0.57	0.00	1.00	0.29	0.14	1.00

表6-8 2018年受让方指标

时间	指标	主体	Y1	Y2	Y3	Y4	Y5	Y6
2018	C1	C11	0.67	0.33	0.33	1.00	0.00	0.33
		C12	1.00	1.00	0.33	0.67	0.00	0.67
		C13	1.00	0.50	0.00	0.00	0.00	0.00

续表

时间	指标	主体	Y1	Y2	Y3	Y4	Y5	Y6
2018	C2	C21	0.68	0.00	0.27	0.95	0.27	1.00
		C22	1.00	0.28	0.00	0.01	0.02	0.00
	C3	C31	0.43	0.43	0.71	0.00	1.00	0.71
		C32	1.00	0.33	0.67	0.50	0.00	1.00

在数据预处理完成之后，为了将属性值进行求和处理，第二步要做的就是设定二级指标的权重。在问卷设计中加入了二级指标的评价矩阵，因此，可以结合本征向量法得到二级指标的权重值（以下本征向量均通过了一致性检验），如表 6-9、表 6-10 所示。

表 6-9　　　　　　　出让方二级指标权重值

	Y1	Y2	Y3	Y4	Y5	Y6
D11	0.19	0.18	0.07	0.23	0.19	0.12
D12	0.08	0.06	0.28	0.08	0.17	0.23
D13	0.73	0.76	0.65	0.69	0.63	0.65

表 6-10　　　　　　　受让方二级指标权重值

	C11	C12	C13	C21	C22	C31	C32
Y1	0.43	0.43	0.14	0.83	0.17	0.75	0.25
Y2	0.25	0.65	0.10	0.20	0.80	0.25	0.75
Y3	0.64	0.26	0.10	0.83	0.17	0.75	0.25
Y4	0.26	0.64	0.10	0.75	0.35	0.83	0.17
Y5	0.26	0.10	0.64	0.75	0.25	0.75	0.25
Y6	0.16	0.25	0.59	0.33	0.67	0.33	0.67
Y7	0.20	0.20	0.60	0.50	0.50	0.25	0.75
Y8	0.26	0.64	0.10	0.25	0.75	0.20	0.80
Y9	0.63	0.24	0.14	0.83	0.17	0.13	0.88
Y10	0.23	0.10	0.67	0.17	0.83	0.50	0.50
Y11	0.64	0.26	0.10	0.75	0.25	0.17	0.83
Y12	0.45	0.45	0.09	0.50	0.50	0.83	0.17
Y13	0.64	0.26	0.10	0.75	0.25	0.86	0.14

续表

	C11	C12	C13	C21	C22	C31	C32
Y14	0.60	0.20	0.20	0.75	0.25	0.83	0.17
Y15	0.43	0.43	0.14	0.83	0.17	0.83	0.17
Y16	0.43	0.14	0.43	0.50	0.50	0.75	0.25
Y17	0.33	0.33	0.33	0.25	0.75	0.25	0.75
Y18	0.20	0.60	0.20	0.17	0.83	0.25	0.75
Y19	0.20	0.60	0.20	0.75	0.25	0.50	0.50
Y20	0.43	0.43	0.14	0.50	0.50	0.25	0.75

接下来，经过简单的加权运算即可得到出让方给出的关于受让方的多重偏好序信息，以及受让方给出的关于出让方的多重偏好序信息，如表 6-11 至表 6-13 所示。

表 6-11　　出让方对受让方的多重偏好序

时间	主体	指标	Y1	Y2	Y3	Y4	Y5	Y6	时间	主体	指标	Y1	Y2	Y3	Y4	Y5	Y6
2017	X1	C1	5	2	6	1	4	3	2018	X1	C1	1	3	5	2	6	4
		C2	5	1	2	6	4	3			C2	3	6	5	2	4	1
		C3	2	3	1	4	1	1			C3	4	4	3	5	2	1
	X2	C1	4	2	6	1	5	3		X2	C1	1	2	5	3	6	4
		C2	1	2	3	6	4	5			C2	1	2	6	4	5	3
		C3	3	6	1	5	4	1			C3	2	2	3	4	5	1
	X3	C1	6	4	5	1	3	2		X3	C1	2	3	5	1	6	4
		C2	5	1	2	6	4	3			C2	3	6	5	2	4	1
		C3	2	3	1	4	1	1			C3	4	4	3	5	2	1
	X4	C1	4	2	6	1	5	3		X4	C1	1	2	5	3	6	4
		C2	5	1	2	6	4	3			C2	1	6	5	3	4	2
		C3	3	4	2	5	1	2			C3	4	4	3	5	1	2
	X5	C1	1	2	6	3	5	4		X5	C1	1	2	5	3	6	4
		C2	5	1	2	6	4	3			C2	1	6	5	3	4	2
		C3	2	3	1	4	1	1			C3	4	4	3	5	2	1
	X6	C1	1	2	6	3	5	4		X6	C1	1	2	5	3	6	4
		C2	2	1	3	6	5	4			C2	1	4	6	3	5	2
		C3	2	5	1	4	3	1			C3	2	2	3	4	5	1
	X7	C1	1	2	6	3	5	4		X7	C1	1	2	5	3	6	4
		C2	2	1	3	6	5	4			C2	1	5	6	3	4	2
		C3	2	5	1	4	3	1			C3	1	1	3	4	4	1

续表

时间	主体	指标	Y1	Y2	Y3	Y4	Y5	Y6	时间	主体	指标	Y1	Y2	Y3	Y4	Y5	Y6
2017	X8	C1	4	2	6	1	5	3	2018	X8	C1	1	2	5	3	6	4
		C2	2	1	3	6	4	5			C2	1	4	6	3	5	2
		C3	2	5	1	4	3	1			C3	2	3	3	4	5	1
	X9	C1	6	4	5	1	3	2		X9	C1	1	3	5	2	6	4
		C2	5	1	2	6	4	3			C2	3	6	5	2	4	1
		C3	2	4	1	3	3	1			C3	2	2	3	4	5	1
	X10	C1	1	2	6	3	5	4		X10	C1	1	2	5	3	6	4
		C2	1	2	4	6	3	5			C2	1	2	6	3	5	4
		C3	3	4	1	5	2	1			C3	2	2	3	5	4	1
	X11	C1	6	4	5	1	3	2		X11	C1	2	3	5	1	6	4
		C2	5	1	2	6	4	3			C2	1	6	5	3	4	2
		C3	2	5	1	4	3	1			C3	2	2	3	4	5	1
	X12	C1	5	2	6	1	4	3		X12	C1	1	3	5	2	6	4
		C2	2	1	3	6	5	4			C2	1	5	6	3	4	2
		C3	3	4	2	5	1	2			C3	4	4	3	5	1	2
	X13	C1	6	4	5	1	3	2		X13	C1	2	3	5	1	6	4
		C2	5	1	2	6	4	3			C2	1	6	5	3	4	2
		C3	3	4	2	5	1	2			C3	4	4	3	5	1	2
	X14	C1	6	3	5	1	3	2		X14	C1	1	3	5	2	6	4
		C2	5	1	2	6	4	3			C2	1	6	5	3	4	2
		C3	3	4	2	5	1	2			C3	4	4	3	5	1	2
	X15	C1	5	2	6	1	4	3		X15	C1	1	3	5	2	6	4
		C2	5	1	2	6	4	3			C2	3	6	5	2	4	1
		C3	3	4	2	5	1	2			C3	4	4	3	5	1	2
	X16	C1	3	2	6	1	5	4		X16	C1	1	3	5	2	6	4
		C2	2	1	3	6	5	4			C2	1	6	5	3	4	2
		C3	2	3	1	4	1	1			C3	4	4	3	5	1	2
	X17	C1	3	2	6	1	5	4		X17	C1	1	2	5	3	6	4
		C2	2	1	3	6	4	5			C2	1	4	6	3	5	2
		C3	2	5	1	4	3	1			C3	2	3	3	4	5	1
	X18	C1	3	2	6	1	5	4		X18	C1	1	2	5	3	6	4
		C2	1	2	4	6	3	5			C2	1	2	6	3	5	4
		C3	2	5	1	4	3	1			C3	2	3	3	4	5	1
	X19	C1	3	2	6	1	5	4		X19	C1	1	2	5	3	6	4
		C2	5	1	2	6	4	3			C2	1	6	5	3	4	2
		C3	3	4	1	5	2	1			C3	2	2	3	4	5	1
	X20	C1	5	2	6	1	4	3		X20	C1	1	3	5	2	6	4
		C2	2	1	3	6	5	4			C2	1	5	6	3	4	2
		C3	2	5	1	4	3	1			C3	2	2	3	4	5	1

表 6−12 受让方对出让方的多重偏好序 a

时间	2017											
主体	Y1		Y2		Y3		Y4		Y5		Y6	
指标	D1	D2	D1	D2	D1	D2	D1	D2	D1	D2	D1	D2
X1	2	4	2	4	6	4	2	4	3	4	4	4
X2	17	7	17	7	14	7	17	7	15	7	15	7
X3	1	3	1	3	2	3	1	3	2	3	2	3
X4	3	2	3	2	8	2	3	2	5	2	6	2
X5	3	4	3	4	8	4	3	4	5	4	6	4
X6	3	5	3	5	8	5	3	5	5	5	6	5
X7	18	3	18	3	18	3	18	3	18	3	18	3
X8	7	8	5	8	4	8	11	8	12	8	7	8
X9	16	10	16	10	17	10	16	10	17	10	17	10
X10	6	6	6	6	5	6	6	6	6	6	5	6
X11	13	3	13	3	7	3	12	3	9	3	9	3
X12	11	5	11	5	13	5	10	5	11	5	12	5
X13	4	3	4	3	3	3	4	3	4	3	3	3
X14	9	6	9	6	9	6	7	6	7	6	8	6
X15	10	4	10	4	11	4	9	4	8	4	11	4
X16	5	1	7	1	1	1	5	1	1	1	1	1
X17	8	6	8	6	10	6	8	6	10	6	10	6
X18	14	3	14	3	15	3	14	3	13	3	14	3
X19	15	8	15	8	16	8	15	8	16	8	16	8
X20	12	9	12	9	12	9	13	9	14	9	13	9

表 6−13 受让方对出让方的多重偏好序 b

时间	2018											
主体	Y1		Y2		Y3		Y4		Y5		Y6	
指标	D1	D2	D1	D2	D1	D2	D1	D2	D1	D2	D1	D2
X1	2	3	2	3	6	3	2	3	3	3	4	3
X2	17	6	17	6	14	6	17	6	15	6	15	6
X3	1	3	1	3	2	3	1	3	2	3	2	3
X4	3	3	3	3	8	3	3	3	5	3	6	3
X5	3	3	3	3	8	3	3	3	5	3	6	3

续表

时间	2018											
主体	Y1		Y2		Y3		Y4		Y5		Y6	
指标	D1	D2	D1	D2	D1	D2	D1	D2	D1	D2	D1	D2
X6	3	5	3	5	8	5	3	5	5	5	6	5
X7	18	4	18	4	18	4	18	4	18	4	18	4
X8	7	7	5	7	4	7	11	7	12	7	7	7
X9	16	9	16	9	17	9	16	9	17	9	17	9
X10	6	4	6	4	5	4	6	4	6	4	5	4
X11	13	2	13	2	7	2	12	2	9	2	9	2
X12	11	3	11	3	13	3	10	3	11	3	12	3
X13	4	3	4	3	3	3	4	3	4	3	3	3
X14	9	4	9	4	9	4	7	4	7	4	8	4
X15	10	3	10	3	11	3	9	3	8	3	11	3
X16	5	1	7	1	1	1	5	1	1	1	1	1
X17	8	4	8	4	10	4	8	4	10	4	10	4
X18	14	2	14	2	15	2	14	2	13	2	14	2
X19	15	9	15	9	16	9	15	9	16	9	16	9
X20	12	8	12	8	12	8	13	8	14	8	13	8

6.3.4 多对一双边匹配结果分析

取 $\lambda = 0.5$,通过求解目标函数(式 6-2),可以得出出让方(X 方主体)的指标权重 ω_r,同理,也可以得出受让方主体(Y 方主体)的指标权重 ω_h',如表 6-14 所示。

表 6-14 出让方和受让方的指标权重

时间	ω_1	ω_2	ω_1'	ω_2'	ω_2'
2017	0.333	0.667	0.201	0.199	0.601
2018	0.333	0.667	0.120	0.118	0.762

之后，根据式 6-3 和式 6-4 可以分别得到 2017 年和 2018 年出让方 X_i 对于受让方 Y_j 的偏好序值 R_{ij}^k 与受让方 Y_j 对于出让方 X_i 的偏好序值 L_{ij}^k。如表 6-15 至表 6-17 所示。

表 6-15　　　　出让方对受让方的广义偏好序值 a

时间	主体	Y1	Y2	Y3	Y4	Y5	Y6
2017	X1	3.20	2.40	2.20	3.80	2.20	1.80
	X2	2.80	4.40	2.40	4.40	4.20	2.20
	X3	3.40	2.80	2.00	3.80	2.00	1.60
	X4	3.60	3.00	2.80	4.40	2.40	2.40
	X5	2.40	2.40	2.20	4.20	2.40	2.00
	X6	1.80	3.60	2.40	4.20	3.80	2.20
	X7	1.80	3.60	2.40	4.20	3.80	2.20
	X8	2.40	3.60	2.40	3.80	3.60	2.20
	X9	3.40	3.40	2.00	3.19	3.20	1.60
	X10	2.20	3.20	2.60	4.80	2.80	2.40
	X11	3.40	4.00	2.00	3.80	3.20	1.60
	X12	3.20	3.00	3.00	4.40	2.40	2.60
	X13	4.00	3.40	2.60	4.40	2.00	2.20
	X14	4.00	3.20	2.60	4.40	2.00	2.20
	X15	3.80	3.00	2.80	4.40	2.20	2.40
	X16	2.20	2.40	2.40	3.80	2.60	2.20
	X17	2.20	3.60	2.40	3.80	3.60	2.40
	X18	2.00	3.80	2.60	3.80	3.40	2.40
	X19	3.40	3.00	2.20	4.40	3.00	2.00
	X20	2.60	3.60	2.40	3.80	3.60	2.00

表 6-16　　　　出让方对受让方的广义偏好序值 b

时间	主体	Y1	Y2	Y3	Y4	Y5	Y6
2018	X1	3.52	4.12	3.47	4.29	2.71	1.36
	X2	1.76	2.00	3.59	3.88	5.12	1.59
	X3	3.64	4.12	3.47	4.17	2.71	1.36
	X4	3.29	4.00	3.47	4.52	1.95	2.24

续表

时间	主体	Y1	Y2	Y3	Y4	Y5	Y6
2018	X5	3.29	4.00	3.47	4.52	2.71	1.48
	X6	1.76	2.24	3.59	3.76	5.12	1.48
	X7	1.00	1.59	3.59	3.76	4.24	1.48
	X8	1.76	3.00	3.59	3.76	5.12	1.48
	X9	2.00	2.59	3.47	3.52	5.00	1.36
	X10	1.76	2.00	3.59	4.52	4.36	1.71
	X11	1.88	2.59	3.47	3.52	5.00	1.48
	X12	3.29	4.00	3.59	4.40	1.95	2.24
	X13	3.41	4.12	3.47	4.28	1.95	2.24
	X14	3.29	4.12	3.47	4.40	1.95	2.24
	X15	3.52	4.12	3.47	4.29	1.95	2.12
	X16	3.29	4.00	3.59	4.40	2.71	1.48
	X17	1.76	2.24	3.59	3.76	5.12	1.48
	X18	1.76	2.00	3.59	3.76	5.12	1.71
	X19	1.76	2.47	3.47	4.52	4.24	1.48
	X20	1.76	2.47	3.59	3.64	5.00	1.48

表 6-17 受让方对出让方的广义偏好序值

时间	2017						2018					
主体	Y1	Y2	Y3	Y4	Y5	Y6	Y1	Y2	Y3	Y4	Y5	Y6
X1	3.33	3.33	4.67	3.33	3.67	4.00	2.67	2.67	4.00	2.67	3.00	3.33
X2	10.33	10.33	9.33	10.33	9.67	9.67	9.67	9.67	8.67	9.67	9.00	9.00
X3	2.33	2.33	2.67	2.33	2.67	2.67	2.33	2.33	2.67	2.33	2.67	2.67
X4	2.33	2.33	4.00	2.33	3.00	3.33	3.00	3.00	4.67	3.00	3.67	4.00
X5	3.67	3.67	5.33	3.67	4.33	4.67	3.00	3.00	4.67	3.00	3.67	4.00
X6	4.33	4.33	6.00	4.33	5.00	5.33	4.33	4.33	6.00	4.33	5.00	5.33
X7	8.00	8.00	8.00	8.00	8.00	8.00	8.67	8.67	8.67	8.67	8.67	8.67
X8	7.67	7.00	6.67	9.00	9.33	7.67	7.00	6.33	6.00	8.33	8.67	7.00
X9	12.00	12.00	12.33	12.00	12.33	12.33	11.33	11.33	11.67	11.33	11.67	11.67
X10	6.00	6.00	5.67	6.00	6.00	5.67	4.67	4.67	4.33	4.67	4.67	4.33
X11	6.33	6.33	4.33	6.00	5.00	5.00	5.67	5.67	3.67	5.33	4.33	4.33

续表

时间	2017						2018					
主体	Y1	Y2	Y3	Y4	Y5	Y6	Y1	Y2	Y3	Y4	Y5	Y6
X12	7.00	7.00	7.67	6.67	7.00	7.33	5.67	5.67	6.33	5.33	5.67	6.00
X13	3.33	3.33	3.00	3.33	3.33	3.00	3.33	3.33	3.00	3.33	3.33	3.00
X14	7.00	7.00	7.00	6.33	6.33	6.67	5.67	5.67	5.67	5.00	5.00	5.33
X15	6.00	6.00	6.33	5.67	5.33	6.33	5.33	5.33	5.67	5.00	4.67	5.67
X16	2.33	3.00	1.00	2.33	1.00	1.00	2.33	3.00	1.00	2.33	1.00	1.00
X17	6.67	6.67	7.33	6.67	7.33	7.33	5.33	5.33	6.00	5.33	6.00	6.00
X18	6.67	6.67	7.00	6.67	6.33	6.67	6.00	6.00	6.33	6.00	5.67	6.00
X19	10.33	10.33	10.67	10.33	10.67	10.67	11.00	11.00	11.33	11.00	11.33	11.33
X20	10.00	10.00	10.00	10.33	10.67	10.33	9.33	9.33	9.33	9.67	10.00	9.67

通过调研发现，由于作物产量在短期内存在波动为正常现象，以及作物价格的稳定性，土地流转出让方对于两个阶段的信息大多持一视同仁的态度，因此两个阶段的权重值各为 0.5。由于出让方主要变化的指标为租金，且前期租金值会影响后期租金值，故而对于受让方而言，近期值的影响较大，因此本书设定对于受让方而言，两阶段的权重分别为 0.4 和 0.6。由式 6-3 和式 6-4 可得综合广义偏好值序 R_{ij} 和 L_{ij}。如表 6-18、表 6-19 所示。

表 6-18　　　　　出让方对受让方综合广义偏好序值

主体	Y1	Y2	Y3	Y4	Y5	Y6
X1	3.36	3.26	2.84	4.04	2.46	1.58
X2	2.28	3.20	3.00	4.14	4.66	1.90
X3	3.52	3.46	2.74	3.98	2.36	1.48
X4	3.44	3.50	3.14	4.46	2.18	2.32
X5	2.84	3.20	2.84	4.36	2.56	1.74
X6	1.78	2.92	3.00	3.98	4.46	1.84
X7	1.40	2.60	3.00	3.98	4.02	1.84
X8	2.08	3.30	3.00	3.78	4.36	1.84
X9	2.70	3.00	2.74	3.36	4.10	1.48
X10	1.98	2.60	3.10	4.66	3.58	2.05
X11	2.64	3.30	2.74	3.66	4.10	1.54

续表

主体	Y1	Y2	Y3	Y4	Y5	Y6
X12	3.24	3.50	3.30	4.40	2.17	2.42
X13	3.70	3.76	3.04	4.34	1.97	2.22
X14	3.64	3.66	3.04	4.40	1.97	2.22
X15	3.66	3.56	3.14	4.34	2.08	2.26
X16	2.74	3.20	3.00	4.10	2.66	1.84
X17	1.98	2.92	3.00	3.78	4.36	1.94
X18	1.88	2.90	3.10	3.78	4.26	2.05
X19	2.58	2.74	2.84	4.46	3.62	1.74
X20	2.18	3.04	3.00	3.72	4.30	1.74

表 6-19　　受让方对出让方的综合广义偏好序值

主体	Y1	Y2	Y3	Y4	Y5	Y6
X1	2.93	2.93	4.27	2.93	3.27	3.60
X2	9.93	9.93	8.93	9.93	9.27	9.27
X3	2.33	2.33	2.67	2.33	2.67	2.67
X4	2.73	2.73	4.40	2.73	3.40	3.73
X5	3.27	3.27	4.93	3.27	3.93	4.27
X6	4.33	4.33	6.00	4.33	5.00	5.33
X7	8.40	8.40	8.40	8.40	8.40	8.40
X8	7.27	6.60	6.27	8.60	8.93	7.27
X9	11.60	11.60	11.93	11.60	11.93	11.93
X10	5.20	5.20	4.87	5.20	5.20	4.87
X11	5.93	5.93	3.93	5.60	4.60	4.60
X12	6.20	6.20	6.87	5.87	6.20	6.53
X13	3.33	3.33	3.00	3.33	3.33	3.00
X14	6.20	6.20	6.20	5.53	5.53	5.87
X15	5.60	5.60	5.93	5.27	4.93	5.93
X16	2.33	3.00	1.00	2.33	1.00	1.00
X17	5.87	5.87	6.53	5.87	6.53	6.53
X18	6.27	6.27	6.60	6.27	5.93	6.27
X19	10.73	10.73	11.07	10.73	11.07	11.07
X20	9.60	9.60	9.60	9.93	10.27	9.93

由此可通过式 6-10 和式 6-11 分别计算出满意度，最后通过求解模型（式 6-11 至式 6-14）得到最终的匹配值。

本书以农村土地经营权流转的出让方和受让方为研究对象，以双边匹配为主要研究方法，探求在一个动态多阶段的过程中，如何建立具有不同类型信息的出让方和受让方双向选择的多指标评价匹配模型，提供了一种在多阶段情形下多指标双边匹配决策方法，以实现土地经营权出让方和受让方在双边匹配过程中满意度最大，从而减少供求双方交易后的各种纷争，进而提高整个市场的运行效率。为了检验模型的可行性和完整性，本书在湖南省浏阳市对出让方和受让方分别进行了问卷调查，收集两方主体对对方的偏好序信息，并且将数据带入到模型进行求解，实现了模型的初步应用。

第 7 章 结 论

在城镇化进程中，会有很多与之相关的社会因素和经济因素发生了相应的变化。有时，这些相关因素并不能很明确地证实是城镇化进程的影响因素。但是，可以通过一些灰箱分析系统的理论和方法，来考察城镇化进程与这些因素之间的关系。由于城镇化进程最具代表性的指标是城市化率，因此本书着重提取了城镇化进程中几个相关因素，来分别分析城市化率与它们之间的关系，得到了如下结论：

1. 用碳排放量来刻画城镇化进程中的能源消耗因素，借用研究碳排放影响因素的经典分析框架 IPAT 和 STIRPAT 对影响因素分类，在查阅大量文献的基础上，构造了一个较为全面的潜在碳排放影响因素的指标体系表，并将这些影响因素从人口、财富、技术角度分为三大类。再运用数据分析的思想，利用灰色绝对关联分析方法，依据特定问题的相关数据，研究碳排放量这一母序列数据曲线与所有潜在碳排放影响因素的子序列数据曲线在序列间发展过程的相近性。这一相近性的程度通过计算灰色绝对关联度来衡量，并按照其值反映的对碳排放影响的重要程度划分出有序的梯队层级，从而在潜在碳排放影响因素里发掘出相对重要的因素。同时，未被发掘的潜在因素并不是毫无可取之处，甚至可以靶向激活这些潜在因素对碳排放的影响，为制定相关低碳减排政策奠定基础。对碳排放 P、A、T 因素的比较分析分为宏观和微观两个层面，先确定影响碳排放的宏观因素，再通过灰色绝对关联度的正负和绝对值的大小，判断该因素微观层面上对碳排放影响的方向和力度，为政策制定提供理论依据。

与此同时，采取实例分析的形式来比较研究重庆市碳排放多影响因素。首先一共选取 24 个潜在影响因素，通过这 24 个因素与碳排放量的绝对灰色关联性的比较分析，发现人口因素 P 是影响碳排放量的最关键宏观因素，其中人口规模、城市化进程、受教育程度、职业背景分属第一、第二梯队，对碳排放影响重大，但 P 类中老龄化因素并不如预期对重庆市碳排放影响重大，反而影响甚微，这是否受地区影响值得进一步地探讨。同样，剔除了下级梯队的潜在因素后，经济因素 A 几乎与人口因素 P 对碳排放的影响同等重要。因为经济发展中收入、消费、生产、投资规模和生产结构（分属第一、第二、第三、第四梯队），都在不同程度地影响碳排放。而重庆市的技术因素 T 相对而言弱很多，但其中属于第五梯队的能源结构和技术改造因素却是现阶段政策重点指定整改发展的。

而后对全国各省会城市及直辖市（除海南）都参照重庆市的分析思路，来探讨碳排放与 24 个因素的绝对灰色关联性，各个省市的在每个因素展示出不同的关联特性，但是城市化率这一因素在各省市都显示出与碳排放这一能源消耗因素的强绝对灰色关联性。

2. 在考察城市化率与农业现代化的关系时，以湖南省和湖北省为例，来计算这两个因素的传统灰色关联度。发现两省的城镇化在以上几个因素的关联程度排序上基本一致，稍有出入的粮食产量供给与劳动力供给两个因素也都同时维持在极高的水平，甚至差异可以忽略不计。但值得注意的是，几乎在每一个指标上，湖北省的关联度都要比湖南省高，这其中的原因在本次分析中无法全面体现出来，仅能猜测为两省城镇化进程造成的差异显然是不足以解释的，这也可以留存为本问题研究日后要解决的地方。

3. 探究 2003—2017 年湖北省城市化率与农村居民消费关系，结合湖北省城镇化发展趋势与农村居民消费趋势，并根据 15 年间湖北省城镇化和农村居民消费的相关数据借助线性回归模型与灰色关联方法进行实证分析得到，城镇化能够正向影响农村居民消费支出，并且这种影响是显著的，城镇化与农村居民消费支出存在显著的正相关关系，城市化率每增加一个单位，农村居民消费支出相应地增加 0.970 个单位。城镇化还能影响农村居民的消费结构，将城市化率与八大类消费支出项目占农村居民消费性支出的比重进行线性回归，可以得到除了文化教育娱乐占比之外，城市化率能够显著影响食品消费占比、衣着消费占比、居住消费占比、家庭设备用品及服务占比、交通通信占比、医疗保健消费占比、其他商品与服务占比，其中食品消费占比下降幅度最大，这主要得益于城镇化进程中城镇居民收入不断增加、公共服务设施的完善和消费市场环境的改变促使农村居民非食品支出不断提高，农村居民消费结构得到不断地改善。

4. 在城镇化的背景中，人口老龄化的趋势不可逆转，结合农村居民消费水平的研究，运用固定效应模型的结论，可知我国已经经过了人口的快速增长期，老龄化水平越来越高，快速发展，超过了其对应的经济水平。农村地区老龄化形势比城镇地区严峻。城镇化能够扩大、激活市场是国际的主流看法，但是在我国，长期存在着城乡二元经济结构，城镇对农村的拉动力不足。农村地区收入的绝对值长期低于城镇居民，这极大地限制住了广大的农村消费市场，导致城镇化带来的刺激农村消费作用具有局限性。

5. 本书选取具有代表意义的武汉城市圈研究其 2010—2017 年新型城镇化发展进程的现实表现：依据新型城镇化所提出的人口、经济、社会、土地、生态城镇化协调发展的重要目标，构建五大城镇化子系统，通过城市圈发展综合评价以及整体协调度刻画武汉城市圈城镇化发展水平和协调发展程度的时序规律；由果索因，通过子系统间两两耦合协调度分析系统间发展联系和协调状态；利用灰色关联模型找到影响系统间协调问题的重点影响因素，以便于着重优化协调水平较低的系统对同时吸取高协调水平系统对的发展经验；利用障碍因子分析将各系统和指标降序排列，判断主要障碍因素和子系统，为武汉城市圈下一步城镇化发展规划的方向制定提供参考意见。通过模型求解和数据分析，避免主观因素影响，从多维度得到针对性的发展方向，从发展规律中寻求高效经验、发现短板问题，提供既有大方向也包括具体措施的相关谏言，旨在通过提高系统协调度推动综合性城镇化进程，及时纠偏，引导各系统、各指标趋向不断优化的正向发展道路。

武汉城市圈发展研究大多集中于经济发展以及相关产业发展问题，针对武汉城市圈的城镇化问题研究则多侧重于某两个子系统关联分析或单一子系统对于整体城镇化发展的影响。本书将城镇化综合性发展以及五大子系统的协调发展作为时序分析的主要研究对象，依据新型城镇化协调发展的关键理念，从多维、完整、全面的角度分析武汉城市圈的新型城镇化问题。从历史发展和现实情形入手，层层深入，从整体到子系统再到具体指标的分析逻辑为武汉城市圈的内在需求联动、城镇化整体协调发展的研究方向提供新思路。

6. 农村土地流转是土地经营权出让方与土地经营权受让方共同协商、选择的过程，土地经营权出让方（农户）会根据对潜在的土地经营权受让方给出的偏好信息来进行最优选择，同时土地经营权受让方也会根据对潜在的土地经营权出让方给出的偏好信息进行选择，土地经营权出让方与土地经营权受让方的双向选择过程可视为双边匹配问题。浏阳市现行的土地流转时长大多数超过一年，为构建长期稳定的匹配机制，通过将时间因素加入到双边匹配模型中，探究出让方与受让方的偏好序是否会随时间改变，综合多阶段的偏好序信息确定在长期内实现稳定的双边匹配机制。分别建立各自的评价指标体系，通过调研当地对土地经营权出让方和受让方分发问卷，从而分别得到匹配双方各主体对于对方各主体的多重偏好，然后结合极大熵原理，通过指标权重优化模型得到评价指标体系中各指标的相对权重。然后建立最大化土地经营权出让方和受让方的满意度的多目标优化模型，并以调研实例为算例求得最佳匹配。

参考文献

[1] 蔡昉,都阳. 加快城市化进程启动城乡消费 [J]. 会计之友,1999,12.

[2] 蔡魏勇. 人口老龄化对我国消费的影响研究 [J]. 经济师,2017,2.

[3] 陈斌开,曹文举. 从机会均等到结果平等:中国收入分配现状与出路 [J]. 经济社会体制比较,2013,6.

[4] 陈冲. 中国人口老龄化的消费效应分析——基于生命周期假说理论 [J]. 中央财经大学学报,2013,6.

[5] 陈志建. 地方政府碳减排压力驱动因素差异性研究——基于STIRPAT模型 [J]. 资源科学,2010,9.

[6] 陈宗胜等. 中国农村贫困状况的绝对与相对变动——兼论相对贫困线的设定 [J]. 管理世界,2013,1.

[7] 崔雯. 安徽省农业现代化与城镇化关系研究 [D]. 西北师范大学,2015.

[8] 大前研一. 低欲望社会:人口老龄化的经济危机与破解之道 [M]. 郭超敏译. 北京:机械工业出版社,2018.

[9] 邓聚龙. 本征性灰色系统的主要方法 [J]. 系统工程理论与实践,1986,6.

[10] 杜华章. 城镇化发展对农村居民消费结构的影响分析——以江苏省为例 [J]. 商业经济,2011,20.

[11] 段歆玮,詹文杰,杨洁. 多属性双边匹配模型及其应用研究 [J]. 管理学报,2016,13.

[12] 樊治平,乐琦. 考虑稳定匹配条件的双边满意匹配决策方法 [J]. 中国管理科学,2014,22.

[13] 高宇,林倩倩,邵周岳. 我国农村土地流转价格问题与对策建议 [J]. 价格月刊,2017,10.

［14］顾海英等. 现阶段"新二元结构"问题缓解的制度与政策——基于上海外来农民工的调研［J］. 管理世界, 2011, 11.

［15］国务院发展研究中心. 从城乡二元到城乡一体——我国城乡二元体制的突出矛盾与未来走向［J］. 管理世界, 2014, 9.

［16］国务院发展研究中心课题组. 农民工市民化对扩大内需和经济增长的影响［J］. 经济研究, 2010, 6.

［17］韩丽红. 新型城镇化发展对居民消费的影响——基于省域面板数据的协整模型分析［J］. 商业经济研究, 2018, 3.

［18］何小钢, 张耀辉. 中国工业碳排放影响因素与CKC重组效应——基于STIRPAT模型的分行业动态面板数据实证研究［J］. 中国工业经济, 2012, 1.

［19］湖南智库网. 湖南省"十三五"新型城镇化战略研究［N/OL］. 2015 - 10 - 23. https：//www. hnzk. gov. cn/gaigegongjian/749. html.

［20］黄晓芳. 未来煤炭消费何去何从［N］. 经济日报, 2019 - 2 - 28.

［21］江逸. 经济新常态下小城镇建设与扩大农村消费研究［J］. 商业经济研究, 2018, 15.

［22］蒋和超. 城镇化过程中农转非居民的贫困消减［J］. 华南农业大学学报（社会科学版）, 2017, 1.

［23］蒋慧峰. 城镇化与生态环境耦合协调发展研究［J］. 经济研究导刊, 2019, 4.

［24］柯忠义. 城镇化与收入结构对农村居民消费的影响——基于省级面板数据的分析［J］. 城市问题, 2017, 2.

［25］孔凡文, 田珅, 周莹. 辽宁省人口城镇化与土地城镇化发展协调度分析［J］. 农业经济, 2018, 12.

［26］乐琦, 樊治平. 基于不完全序值信息的双边匹配决策方法［J］. 管理科学学报, 2015, 2.

［27］雷潇雨, 龚六堂. 西部大开发——基于土地出让的工业化与城镇化［J］. 管理世界, 2014, 9.

［28］李爱民. 基于新型城镇化道路的城市群空间优化探讨［J］. 科学咨询（科技·管理）, 2019, 1.

［29］李纪鹏, 温彦平. 武汉市土地城镇化与人口城镇化协调性研究［J］. 华中师范大学学报（自然科学版）, 2018, 52.

[30] 李剑波, 涂建军. 成渝城市群新型城镇化发展协调度时序特征 [J]. 现代城市研究, 2018, 9.

[31] 李俊华, 袁力. 农村居民消费水平影响因素的回归分析——以湖北省为例 [J]. 汉江师范学院学报, 2017, 37.

[32] 李俊华. 城镇化对农村居民消费结构的影响分析——以湖北省为例 [J]. 长江大学学报（自科版）, 2018, 22.

[33] 李锴, 齐绍洲. 贸易开放、经济增长与中国二氧化碳排放 [J]. 经济研究, 2011, 11.

[34] 李晓梅, 赵文彦. 我国城镇化演进的动力机制研究 [J]. 经济体制改革, 2013, 3.

[35] 李晓庆, 姜博, 米媛等. 长江中上游城市群土地集约利用及与新型城镇化耦合协调时空分异特征 [J]. 水土保持研究, 2017, 24.

[36] 李秀梅. 居住环境关联健康影响调查研究 [D]. 大连理工大学, 2014.

[37] 李秀萍. 创新投融资模式, 加快湖北省新型城镇化进程 [J]. 金融经济, 2015, 8.

[38] 林伯强, 蒋竺均. 中国二氧化碳的环境库兹涅茨曲线预测及影响因素分析 [J]. 管理世界, 2009, 4.

[39] 林伯强, 刘希颖. 中国城市化阶段的碳排放影响因素和减排策略 [J]. 经济研究, 2010, 8.

[40] 林霜. 新城镇化进程对我国居民消费率的影响：基于1978—2017数据的实证 [J]. 商业经济研究, 2018, 24.

[41] 刘东皇, 王志华, 郑宝华. 城镇化、劳动报酬与居民消费率——兼论城镇化进程中的居民消费率"U形"趋势 [J]. 福建金融管理干部学院学报, 2018, 3.

[42] 刘莉君. 农村土地流转模式的绩效比较研究 [D]. 中南大学, 2010.

[43] 刘思峰, 蔡华, 杨英杰等. 灰色关联分析模型研究进展 [J]. 系统工程理论与实践, 2013, 33.

[44] 刘小舟. 城镇化水平对农村居民消费影响的实证研究 [J]. 经济论坛, 2017, 11.

[45] 刘艳芳, 刘海江, 刘殿锋, 刘耀林. 区域城镇化发展水平监测与评

价——以武汉城市圈为例 [J]. 地理信息世界，2015，22.

[46] 刘远昇. 湖南省农业产业化促进农民增收的实证研究 [D]. 中南林业科技大学，2018.

[47] 刘艺容，陈阵. 湖南省城镇化对农村居民消费的影响研究 [J]. 湖南社会科学，2013，5.

[48] 刘艺容. 加快城市化进程是拉动消费增长的持久动力 [J]. 消费经济，2005，4.

[49] 刘勇，刘思峰. 一种新的灰色绝对关联度模型及其应用 [J]. 中国管理科学，2012，20.

[50] 路征，李睿. 现阶段农地流转中的关键问题与微观制度创新——四川省安岳县农村土地流转实践考察 [J]. 西部论坛，2017，27.

[51] 罗超平等. 西部大开发、城乡一体化与新型城镇——中国西部第十届学术年会 2015 综述 [J]. 管理世界，2014，3.

[52] 马丽，王国庆. 城镇化与宁夏农村居民消费关系分析 [J]. 农业经济，2018，6.

[53] 毛中根，孙武福，洪涛. 中国人口年龄结构与居民消费关系的比较分析 [J]. 人口研究，2013，3.

[54] 梅振国. 灰色绝对关联度及其计算方法 [J]. 系统工程，1992，5.

[55] 穆光宗. 银发中国：从全面二孩到成功老龄化 [M]. 北京：中国民主法治出版社，2016.

[56] 聂鑫，汪晗，张安录. 城镇化进程中失地农民多维福祉影响因素研究 [J]. 中国农村观察，2013，4.

[57] 潘家华，张丽峰. 我国碳生产率区域差异性研究 [J]. 中国工业经济，2011，5.

[58] 时仅，廖和平，李涛，杨伟，赵振洋，刘明. 城镇化质量与消费结构的灰色关联分析——以重庆市为例 [J]. 西南师范大学学报（自然科学版），2016，41.

[59] 舒琅. 论我国新型城镇化建设与生态环境保护 [J]. 环境与发展，2018，30.

[60] 宋德勇，王雪峰. 城镇化对农村居民消费影响效应实证研究 [J]. 商业时代，2014，29.

[61] 宋扬，赵君．中国的贫困现状与特征：基于等值规模调整后的再分析[J]．管理世界，2015，10．

[62] 宋宜农．新型城镇化背景下我国农村土地流转问题研究[J]．经济问题，2017，2．

[63] 谭学瑞，邓聚龙．灰色关联分析：多因素统计分析新方法[J]．统计研究，1995，12．

[64] 田超．交通导向发展模式下城际铁路促进城镇化研究——以武汉城市圈为例[J]．城市发展研究，2014，21．

[65] 佟昕，陈凯，李刚．中国碳排放与影响因素的实证研究——基于2000—2011年中国以及30个省域的灰色关联分析[J]．工业技术经济，2015，3．

[66] 万树平，李登峰．具有不同类型信息的风险投资商与投资企业多指标双边匹配决策方法[J]．中国管理科学，2014，V22．

[67] 王芳．人口年龄结构变动对居民消费的影响的路径分析[J]．人口与经济，2013，3．

[68] 王慧博．城市化进程中失地农民市民化调查状况比较分析[J]．宁夏社会科学，2010，4．

[69] 王金营，付秀彬．考虑人口年龄结构变动的中国消费函数计量分析——兼论中国人口老龄化对消费的影响[J]．人口研究，2006，30．

[70] 王开，傅利平．京津冀产业碳排放强度变化及驱动因素研究[J]．中国人口·资源与环境，2017，27．

[71] 王轶辰．为中国经济快车添加不竭动力[N]．经济日报，2018-11-7．

[72] 王莹，王慧敏．基于熵权TOPSIS模型的城市建设用地供应绩效评价及障碍度诊断——以西安市为例[J]．中国农业资源与区划，2018，39．

[73] 魏梅，曹明福，江金荣．生产中碳排放效率长期决定及其收敛性分析[J]．数量经济技术经济研究，2010，9．

[74] 吴世联．浙江省城镇化与经济结构转换的灰色关联分析[J]．经济视角（下），2013，4．

[75] 武晓瑞．成都市居民居住环境满意度影响因子分析[D]．西南财经大学，2010．

[76] 徐海峰．新型城镇化与流通业、旅游业耦合协调发展——基于协同理

论的实证研究 [J]. 商业研究, 2019, 2.

[77] 薛凤蕊, 乔光华, 苏日娜. 土地流转对农民收益的效果评价——基于 DID 模型分析 [J]. 中国农村观察, 2011, 2.

[78] 杨灿, 朱玉林. 论供给侧结构性改革背景下的湖南农业绿色发展对策 [J]. 中南林业科技大学学报（社会科学版）, 2016, 10.

[79] 杨开忠. 把发展中小都市圈纳入国家都市圈建设任务 [N]. 北京日报, 2019-3-18.

[80] 杨骞, 刘华军. 中国二氧化碳排放的区域差异分解及影响因素——基于 1995—2009 年省际面板数据的研究 [J]. 数量经济技术经济研究, 2012, 29.

[81] 杨沫, 陈凯. 基于 STIRPAT 及解耦模型的河北省碳排放影响因素分析 [J]. 东北大学学报（自然科学版）, 2017, 38.

[82] 杨燕绥, 常蓓荃. 银色经济与健康消费需求升级 [J]. 中国国情国力, 2019, 2.

[83] 易行健, 刘鑫, 杨碧云. 城市化对居民消费的影响：基于跨国面板数据的实证检验 [J]. 经济问题探索, 2016, 7.

[84] 袁凯华, 梅昀, 陈银蓉等. 中国建设用地集约利用与碳排放效率的时空演变与影响机制 [J]. 资源科学, 2017, 39.

[85] 翟伟娟. 农户行为视角下农地流转诱因及其福利效应研究 [J]. 经济研究, 2015, 10.

[86] 张桂颖. 新型城镇化建设背景下农村流动人口教育需求影响因素分析 [J]. 农村经济与科技, 2018, 29.

[87] 张建清, 边娜, 范斐. 基于 PVAR 模型的长江中游城市群新型城镇化与科技创新关联性分析 [J]. 科技管理研究, 2017, 37.

[88] 张静. 改革开放以来中国扶贫政策发展研究 [D]. 华东政法大学, 2013.

[89] 张丽君. 农村居民生活满意度的影响因素分析 [D]. 南京财经大学, 2013.

[90] 张千慧. 技术交易中的供需主体双边匹配决策方法 [D]. 西安电子科技大学, 2015.

[91] 张微微, 何春. 人口老龄化的居民消费效应的测度与比较 [J]. 统计与决策, 2018, 15.

[92] 张伟，朱启贵，高辉. 产业结构升级、能源结构优化与产业体系低碳化发展 [J]. 经济研究，2016，12.

[93] 张希良，齐晔. 低碳发展蓝皮书——中国低碳发展报告（2017）[M]. 社会科学文献出社，2017.

[94] 张先锋，韩雪，张庆彩. 基于偏最小二乘模型的碳排放区域差异及影响因素的实证分析 [J]. 工业技术经济，2013，7.

[95] 张勇，蒲勇健，陈立泰. 城镇化与服务业集聚——基于系统耦合互动的观点 [J]. 中国工业经济，2013，6.

[96] 张祚，周敏，金贵等. 湖北"两圈两带"格局下的新型城镇化与土地集约利用协调度分析 [J]. 世界地理研究，2018，27.

[97] 赵欣，龙如银. 考虑全要素生产率的中国碳排放影响因素分析 [J]. 资源科学，2010，32.

[98] 赵周华. 少子化、老龄化与农村居民消费结构：理论分析与实证检验 [J]. 兰州财经大学学报，2018，6.

[99] 周星，范乐乐. 人口老龄化、消费异质性和消费潜力释放 [J]. 合作经济与科技，2019，2.

[100] 朱勤，魏涛远. 居民消费视角下人口城镇化对碳排放的影响 [J]. 中国人口·资源与环境，2013，23.

[101] 新华网. 改革开放以来我国城镇化水平显著提高 [N/OL]. 2018-9-10. http://www.gov.cn/shuju/2018-09/10/content_5320844.htm.

[102] Ang B W. Decomposition analysis for policy making in energy: which is the preferred method? [J]. Energy Policy，2004，32.

[103] Besley T. Property rights and investment incentives: Theory and evidence from Ghana [J]. Journal of Political Economy，1995，103.

[104] Birgit Aigner-Walder, Thomas Döring. The Effects of Population Aging on Private Consumption-A Simulation for Austria Based on Household Data up to 2050 [J]. Eurasian Economic Review，2012，2.

[105] Cutler D M, Poterba J M, Sheiner L M, et al. An aging society: opportunity or challenge? [J]. Brookings Papers on Economic Activity，1990，1.

[106] Dietz T., Rosa. E. A. Rethinking the Environmental Impacts of Population, Affluence and Technology [J]. Human Ecology Review，1994，2.

［107］ Duesenberry, J. S. Income, Saving and the Theory of Consumer Behavior［M］. Cambridge: Harvard University Press, 1949.

［108］ Ehrlich P R, Holdren J P. Impact of Population Growth［J］. Science, 1971, 171.

［109］ Fischer G, Winiwarter W. Implications of population growth and urbanization on agricultural risks in China［J］. Population and Environment, 2012, 33.

［110］ Fujita, M, Krugman, P, Venables, A. The Spatial Economy［M］. Cambridge: MIT Press, 2000.

［111］ Gale D, Shapley L S. College admissions and the stability of marriage［J］. The American Mathematical Monthly, 1962, 69.

［112］ Kaya Y. Impact of Carbon Dioxide Emission on GNP Growth: Interpretation of Proposed Scenarios［R］. Paris: Presentation to the Energy and Industry Subgroup Response Strategies Working Group, IPCC, 1989.

［113］ Kristen K. etc. A statistical analysis of watershed spatial characteristics that affect stream responses to urbanization in Maine, USA［J］. Applied Geography, 2019, 105.

［114］ Omar D B. Assessing Residents' Quality of Life in Malaysian New Towns［J］. Asian Social Science, 2009, 5.

［115］ Kung J K. Off-farm labor markets and the emergence of land rental markets in rural China［J］. Journal of Comparative Economics, 2002, 30.

［116］ Lewis, A. W. the Theory of Economic Growth［J］. Alle and Unwin, 1955, 9.

［117］ Liang S, Zhao J, He S, et al. Spatial econometric analysis of carbon emission intensity in Chinese provinces from the perspective of innovation-driven［J］. Environmental Science and Pollution Research, 2019.

［118］ Michael Lipton. Why Poor People Stay Poor: Urban Bias in World Development［M］. Harvard University Press, 1977.

［119］ Modigliani F, Brumberg R E, Utility Analysis and the Consumption Function: An Interpretation of Cross-Section Data［J］. Journal of Post Keynesian Economics, 1954.

［120］ Raskin, P. D. Methods for Estimating the Population Contribution to Environmental Change [J]. Ecological Economics, 1995, 15.

[121] Rumanovská, L,, Kováčik, M. Evaluation of the impact of agricultural enterprises on development of agricultural land market in Slovakia. [J]. Scientific Papers, 2014, 14.

[122] Sadorsky P. The Effect of Urbanization and Industrialization on Energy Use in Emerging Economies: Implications for Sustainable Development [J]. American Journal of Economics and Sociology, 2014, 73.

[123] Whalley John etc. A Numerical Simulation Analysis of (Hukou) Labor Mobility Restrictions in China [J]. Journal of Development Economics, 2007, 183.

[124] Wu W, Zhu H, Qu Y, et al. Regional disparities in emissions of rural household energy consumption: A case study of Northwest China [J]. Sustainability, 2017, 9.

[125] Ye. Wu, Qin. Gray Correlation Degree Analysis of Factors Affecting the Consumption of Farmers [J]. Asian Agricultural Research, 2009, 1.

[126] York, R., Rosa, E. A., Dietz, T. Bridging Environmental Science with Environmental Policy: Plasticity of Population, Affluence, and Technology [J]. Social Science Quarterly, 2002, 83.